FX黄金セミナー

時給より「分給」で稼げ！

株式アナリスト
秋津 学 著
Manabu Akitsu

毎日新聞出版

はじめに

「銭活」「分給」「対極的思考」「見える化」「キーワード思考」「マニュアル思考」……
本書「FX黄金セミナー」が目指すもの

　ほとんどのFX市場参加者にとって、FX（外国為替証拠金取引・Foreign exchange）とは、単に金を儲ける活動の手段に過ぎない。目的はシンプルだ。これをキモに命じたい。

　金儲けゆえ、人々は市場を放浪しながら、一攫千金を夢見て、手っ取り早くカンタンに稼げる方法を模索している。

　しかし、FX市場というプールには、不思議な「誘惑」がある。

　新人トレーダーのほとんどが、泳法を覚えるどころか、準備体操すらしないで、プールへ飛び込んでいくということだ。こうした無鉄砲さ、危うさ、うかつさは、事前に避けられたのに、失敗を招き、やがて資金を失ってしまう。

　たちまち失敗しないまでも、ほんの数カ月、勝ち負けを繰り返し、やがてFXトレードで辛酸をなめることになる。いろいろFX本を読んだが、夢で終わってしまった、自信喪失のトレーダーたちは、じゃあ一体どうすれば出直せるのか。FXでなんとか儲けたい人は、どんな学習をすればいいのか。失敗の連続で儲からない人にどんな解決策があるのか？

●なんとしても勝ちたい！

　一般のFX本に書かれているマニュアル技法を覚えればいいのか。すでにそうやっている人もいるが、なかなか勝てない。なぜか。私の答えはこうだ。

　——マニュアルを覚えるだけだから。

　マニュアルとは「レッドテープ」、つまり言われたことだけ行うことだ。そこには明らかに「考える」という要素が欠けている。これでは、動く価格の先を読むことなどできない。どうしても、学んだマニュアル技法をFXに最適化

した思考法を身につけて判断をサポートする必要がある。

そして、バーチャルのデモトレードからリアルな実践トレードへと進んでいく中で、トレーダー自身が考える自己練磨を行えば、勝てる黄金ワザの総合化を可能にでき、一人前のトレーダーになれるはずだ。

●本書「FX黄金セミナー」の狙い

FXで勝ち抜く夢をかなえるためのキーワードは、「銭活」「分給」「対極的思考法」「比較法」「見える化」「キーワード思考」「マニュアル思考」などだ。

本書では、一般のFX戦術書とは異なり、特にこうした諸点を留意し、解説した。わかりやすくゆっくり基本の基本をアタマに叩き込んでほしい。

●「銭活」「分給」

FX裁量トレードで勝つためには、モメンタム（勢い）で形成された波動の値幅を切り取ることに尽きる。この行為をFXで儲けるといい、本書では「銭活（ぜにかつ）」と名づけた。「銭活」の銭は「お金」と「ドル円為替の単位銭」のこと。

また所要時間わずか数分でアルバイトの時給並みの利益をゲットすることを「分給（ふんきゅう）」と名づけてみた。つまり「5分銭活して、分給700円ゲットした！」
——こんなふうに言えるわけだ。

図表 序-1 「銭活」と「分給」

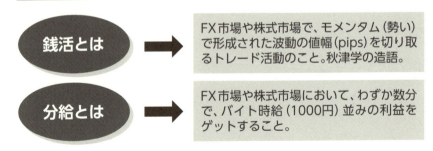

では、具体的に分給を得るFX技法を適正に使うためには、どんな思考法で支えてもらわないといけないのか、少し考えてみたい。

●対極的思考法

　略して対極法とは、たとえば陽線・陰線、雲入り・雲抜け、上昇トレンド・下降トレンドというふうに対極概念を比較することで、双方の特性や意味を明らかにする思考法だ。本書の解説を読めば、次のような対比がされているので、対極概念のリテラシーを明確にできるようになるだろう。

・テクニカル分析 VS ファンダメンタルズ分析（基本7）
・勝ちパターン VS 負けパターン（基本9）
・順張り VS 逆張り（対策2）
・隙間トレード VS じっくりトレード（ワザ1）
・ツッコミ VS リバウンド（戦術5）

　対極的に整理・理解されるので、実践では効率よくワザを駆使できる。

図表 序-2 頑張り VS 逆張り（対策2）

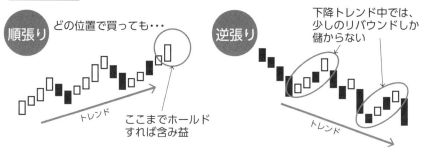

●シグナルの可視化（見える化）

　初級・上級レベルで起きる歴然とした差異は、トレーダーがシグナルを読む上級の力を持っているかどうか、である。チャート読解力養成は、いわば「シグナルの可視化」という難問をいかに解決できるかにかかっている。
　目の前にFX移動平均線チャートがあって、このチャートにどんなシグナルが見えるか、と問われたら、初級者が見えないものが上級者には見える。この「見える」というのは結構厄介な概念で、私は次の4種に分けてみた。

①見えるシグナルが見える。
②見えるシグナルが見えない。
③見えないシグナルが見えない。
④見えないシグナルが見える。

①と③は自明の理に思われるが、②では初級者はシグナルの形が見えるが、その意味や役割がわからないので、見えていないと同然ということもある。つまり初級者は物理的には見えているが、シグナルとして見えていないということだ。

④が一番トレーダーに難しい「見える」状態だろう。シグナルで見えないものとは、トレーダーが自分で脳裏にイメージとして浮かべた、彼、彼女だけに見えるシグナルで、訓練次第で見えるようになる。

私は、読者がこの「可視化」のレベルへと進化していただけるように、解説の中でいろいろ方法論を試みてみた。

図表 序-3 シグナルの可視・不可視

●シグナルが見える	●シグナルが見えない
◆物理的に見えるだけ ◆物理的に見え、意味もわかる ◆物理的に見えるが、意味がわからない	◆物理的に見えないだけ ◆物理的に見えない上、意味もわからない ◆物理的に見えないが、意味はわかる

●キーワード思考

トレード中、技法知識は浮かぶが実践が一体化しないときがある。この不具合を直してくれるのが、「キーワード思考」という効果的なやり方だ。

まず実践中はぼんやりしていては情報を使えない。必要なことを意識しないとその先何も浮かんでこないのだ。

たとえば一目均衡法を使う際、売買シグナルの遅行スパンのクロスに意識が及ばないと何の考えも浮かばない。雲入りを意識してこそ、雲抜けの意味が浮

かぶわけだ。これがトレンドへ連想させることになる。トレードで1秒の何分の1かの時間で、雲を意識し、補助5線を意識し……という具合に、それぞれのキーワードを思い浮かべ、判断へつながる考えができるのだ。

遅行スパン、雲入り、雲のねじれ、先行スパン、基準線

いずれも一目均衡表のキーワードだ。こうしたキーワードの並びを見ているだけで、たぶん、上級者は驚かれるだろうが、各ワードが、技法のエッセンスを語り出してくるのを感じるはずだ。

ワードが意味を携えてよみがえる理由は、すでにこのワードの意味やその周辺の意味を理解できているからだ。従って個別のワードの中身・意味を時々意識的に思い出す練習をすれば、あるいは一つのチャート図を見て、瞬間的に何をそのチャートが示唆しているかを感じる練習をすれば、意識が縦横に判断を掬い取ってくれるだろう。

●マニュアル思考

FXで儲けるには、テクニカル分析をしっかり学ぶことは必須だ。そのための技法に関する本は大同小異で、理解しやすい本を数冊読めばよい。問題はそれからだ。書かれてある内容はほとんどが「マニュアル技法」。泳法のマニュアル本を読んでもすぐ泳げるかといえばそうではない。クルマの運転マニュアルを読んでもすぐ運転できないのと同じだ。いずれも体で覚えないと総合的にマスターできないはずだ。

FXトレーディングは、さらにもう一段や二段レベルアップするための訓練が必要だ。まず技法を一通り覚えるのに2カ月。デモトレードで訓練するためにさらに2カ月。その頃にようやくトレードのコツらしいものがわかってくるはずだ。

こんなふうにして、デモトレードの合間に少額の実践を試みて、ある期間ドリルをしてみる。たとえばチャート設定のパラメータを変えて、バックテストをしてみたりする。やがていろいろな自分の技法的な欠陥や弱点や問題点がわかってくる。あれやこれやの練習兼実践を経て、総合力がいくらかついたと自

覚できるようになる。

　マニュアル技法が身についたと感じた後、トレーダーが、それ以上の力を育てるには、すでにいくつか紹介した思考力を使い、実践を行う必要がある。思考なくして進化はない。進化がなければうまくならない。

●そして、トレード総合力の完成へ

　チャートを読むときは、常にテーマとトピックを意識して、読むことが大事だ。漫然と読んでも効果はない。たとえば、「ダマシのデッドクロスと真正はどう違うか」「グランビル法を崩す仕掛けにはパターンがあるのか」「ダイバージェンス（逆行現象）が出現する前の兆しは何か」「バイアス（心理の偏り）はどういうシグナルでわかるのか」といった疑問やテーマが意識運動として、次々脳裏に現れる。つまり「考えるFX」が併走し出すと、勝ち組へスタートを切ったといえる。その集大成が「個人ルールの確立」であり「トレード総合力の完成」である。

◎練習問題・素っ裸の波動

　試しに練習問題を解いてみよう。下図の素っ裸チャートでは、週足が波動を刻む。一目瞭然だが、移動平均線、一目均衡法の５補助線・雲、オシレーター、出来高……などが一切描かれていない。そこで質問。いつどんな状況になれば、売買できるか。考え抜いて、予想してほしい。

　前作「黄金練習帳」に続いて新企画となりました。本書「黄金セミナー」は私にとって初めてのFX本ですので、どうすれば読者の皆さまに実践的技法を

総合的に身につけていただけるように、ナビできるかを考え抜いてたどり着いたのが、本書というわけです。

　本は著者の「人格の投影」です。毎日新聞出版の高い寛容性のおかげで、私の人格が表紙、タイトル、帯、本文、図表、価格設定の隅々まで、一冊まるごと、秋津イズムの終結として完成しました。

　文末になりましたが、言うまでもなく毎日新聞出版のスタッフのご協力なくしては出版に至りませんでした。図表作成に関しては、光邦さんによいお仕事をしていただきました。編集では伴走していただいた山口敦雄編集長、峯晴子副編集長。元週刊エコノミスト記者・南敦子さん（毎日新聞社事業本部）とは、かつて同誌において人気特集づくりをした頃のように、意見交換できたことが心に残ります。また私に自由な本づくりの機会・環境を与えていただきました志摩和生書籍本部長に心より謝意を表します。

　　　　　　　　　　　　　　　　　　　　　　　2017年盛夏　秋津 学

◎とりあえずの解答
　ライン引きで解決したい。まずローソク足の実体の端で線引き。①は抵抗線、②は上昇トレンド線。天井をつけて下げた位置でボックスをつくるのは定番なので、③④を引ける。④の下限線を割ればカラ売り。戻せばレンジ継続か、上限線を超えて買い。カラ売りなら下値のメド測定にフィボナッチ数列を使える。図内に数値を明記したが、半値108.043円で反転予測できる……というふうにいろいろ考えて、正解を出してほしい。

FX黄金セミナー 時給より「分給」で稼げ！
〈目　次〉

はじめに ………………………………………………………………… 001

第1章　基本編
まず知っておきたいFX基本の基本

- ●基本1　**FX戦略 vs FX戦術**
  FXで儲けるための「7つの戦略・戦術」とは？ …………… 016
- ●基本2　**株 vs FX　そのメリット・デメリット**
  儲けのチャンスの多さではFXに軍配 …………………………… 018
- ●基本3　**良いFX取引業者 vs 悪いFX取引業者**
  有利に戦える装備環境をもつ業者を選べ ……………………… 020
- ●基本4　**扱いやすい通貨 vs 扱いにくい通貨**
  人気通貨の特徴を知って投資せよ ……………………………… 022
- ●基本5　**差益 vs 金利**
  ムズい金利狙いよりシンプルな差益を狙え …………………… 024
- ●基本6　**レバレッジ1倍 vs レバレッジ25倍**
  「小さな資金で大きな利益」のワナを知れ …………………… 026
- ●基本7　**テクニカル分析 vs ファンダメンタルズ分析**
  チャート読みか、発表データの理由づけか …………………… 028
- ●基本8　**初級レベルの技法 vs 中級上級レベルの技法**
  総合的技法のマスターを目標に ………………………………… 030

福沢サンGETワザ①売りか、買いか、様子見か

- ●基本9　**勝ちパターン vs 負けパターン**
  勝ち負けの重要パターンを頭に叩き込め ……………………… 032

　　（黄金こらむ）　ランダムウオーク ……………………………… 034

第2章　取引編
FXで稼ぐ実践的知恵と知識

- ●知恵1　**効率よい時間帯 vs 効率わるい時間帯**
  高効率的トレードは時間帯で選べ ……………………………… 036

- ●知恵2　レンジ相場 vs トレンド相場
  狭いレンジ相場は儲からないぞ ……………………………… 038
- ●知恵3　為替予想 必要か vs 不要か
  予想は要因パターンに依存するしかない ……………………… 040
- ●知恵4　短期トレード vs 中長期トレード
  短中長期トレードの要因にこそ儲け戦略がある ……………… 042
- ●知恵5　デモトレード vs いきなりリアルトレード
  実践と「ゴッコ」の間に何がある？ ……………………………… 044
- ●知恵6　利食い上手な人 vs 下手な人
  利益確定を確実にする6つの戦術 ……………………………… 046
- ●知恵7　デイトレ手法 vs スイング手法
  スイングはデイトレ失敗の成れの果て ………………………… 048
- ●知恵8　ロング派 vs ショート派
  買いよりカラ売りの方がかなり有利 ……………………………… 050
- ●知恵9　ツー vs カー
  ツーと言えばカー、即断が必要なときに便利！ ……………… 052
- ●知恵10　確実性 vs 不確実性
  クールに描いたシナリオプランを使え …………………………… 054
- ●知恵11　成行・指値注文 vs OCO注文
  注文プランで注文のやり方も違うの？ ………………………… 056
- ●知恵12　システムトレード vs 裁量トレード
  結局、システムトレード＋αに徹する …………………………… 058

　　　　福沢サンGETワザ②等値法

　<　黄金こらむ　>　FX学習を支える3つの要素 ……………………………… 060

第3章　テクニカル分析編
武器としてのチャート術（デイトレ・スイング共通）

- ●対策1　ヒゲ波動 vs 下ヒゲ波動
  波動の習性を読めば、値動きの方向がわかる ………………… 062
- ●対策2　順張り vs 逆張り
  順張り／逆張りの優位性はタイミングで決まる ……………… 064
- ●対策3　大チャート vs 小チャート
  情報量優先の大チャート、瞬時判断の小チャート …………… 066

- ●対策4 　美しいチャート vs 醜いチャート
  視覚的好感・不快でチャート判断は可能か …………… 068
- ●対策5 　ローソク足の組み合わせ ↑ vs ↓
  単にモメンタム（勢い）の方向で理解できる …………… 072
- ●対策6 　チャート単独利用 vs 複数利用
  単独・複数どちらでも使い慣れたら勝ちだ …………… 074
- ●対策7 　移動平均線 vs 一目均衡表
  一目でグランビル法の売買位置を確認せよ …………… 076
- ●対策8 　雲の上ねじれ vs 雲の下ねじれ
  ねじれの真上・真下で目先転換が原則 …………… 078
- ●対策9 　ゴールデンクロス vs デッドクロス
  真正と疑似のクロスの見分け方 …………… 080
- ●対策10 　ブレーク法横ライン vs ブレーク法斜めライン
  斜めラインより横ラインがブレーク強烈！ …………… 082
- ●対策11 　大陽線 vs 大陰線
  大陰線/大陽線が出現ならほぼトレンド確定か …………… 084
- ●対策12 　下ヒゲ vs 上ヒゲ
  ヒゲが出た反対方向へ相場は動く …………… 086
- ●対策13 　下値切り上げ vs 上値切り下げ
  抵抗・支持の対極的な役割を見抜け …………… 088
- ●対策14 　ダイバージェンス 発生 vs 発生なし
  オシレーターの逆行現象を儲けにつなげる法 …………… 090
- ●対策15 　フィボナッチ計算 押しメド vs 戻しメド
  計算するための5つの技法獲得の道 …………… 092
- ●対策16 　グランビル法売り vs グランビル法買い
  売りポイントの威力が勝る理由 …………… 094
- ●対策17 　天井 vs 底
  トレンド転換ゾーンで大きく稼ぐための要点4 …………… 096
- ●対策18 　1回仕掛け vs アベレージイン
  資金は分割投入でリスクを回避せよ …………… 098

福沢サンGETワザ③遅行スパンの念押し

⬬ 黄金こらむ ⬬　本・サブトレンド線の本質 …………… 100

第4章 デイトレ編
リスクの低い隙間トレードを攻略する

- ●ワザ1 隙間トレード vs じっくりトレード
  素早く隙間トレード、じっくりは波動狙い ………… 102
- ●ワザ2 3分・5分足 vs 15分・30分足
  日中足の時間軸に注目しないと負けだよ ………… 104
- ●ワザ3 ストキャスティクス 極高 vs 極低
  トレンドの違いでスローストキャを読み抜け ………… 106
- ●ワザ4 グランビル法 vs スローストキャスティクス
  そうだったのか、トレンドゾーンへの注目理由 ………… 112
- ●ワザ5 ±2σ vs RSI
  ボリンジャーバンドとRSIの組み合わせの威力 ………… 118

福沢サンGETワザ④急騰・急落後のもみ合い

- ●ワザ6 ボリンジャーバンドの拡大 vs 収束
  稼げるボリンジャーバンドの読み方5 ………… 124
- ●ワザ7 バンドウオークあり vs バンドウオークなし
  ウオークが起きる理由がわかれば儲かる ………… 126
- ●ワザ8 アウターライン vs インナーライン
  ラインの引き方で売買ポイントがわかる ………… 128

第5章 スイング編
波動をつかみ大きく儲ける

- ●戦術1 再びデイトレード vs スイングトレード
  デイトレやめてスイングにするか？ ………… 136
- ●戦術2 パラメータ 短 vs 長
  パラメータ変更でバックテストをやろう ………… 138
- ●戦術3 モメンタム前 vs モメンタム後
  勢いを待つより勢い後に動くのが戦術 ………… 140
- ●戦術4 スイング30分足起点 vs 日足起点
  30分足と日足を使い、スイングの起点を確認 ………… 142
- ●戦術5 ツッコミ vs リバウンド
  急落・急騰を利用した儲けワザ4 ………… 144

- ●戦術6　シグナル可視　vs　シグナル不可視
  見えるか・見えないか、それが問題だ …………………………… 146
- ●戦術7　ローソク足A　vs　ローソク足B
  プライス・アクション：意味の語りべ …………………………… 148

(黄金こらむ)　シグナル論 ……………………………………………… 155

　　　　福沢サンGETワザ⑤機能しない技法 ……………………… 156

第6章　ファンダメンタルズ分析編
情報の読み方と活かし方

- ●分析1　ドル円相場　上げ材料　vs　下げ材料
  ドル円相場は、お国事情に注目して読もう …………………… 158
- ●分析2　ニュース派　vs　チャートのみ派
  利益獲得のためのプランニングが異なる ……………………… 160
- ●分析3　雑誌・ブログ　vs　業者サイト
  信頼できる情報メディアをまず見つけよう …………………… 162
- ●分析4　速報　vs　レポート
  カンタンにできる情報キャッチ法5 ……………………………… 164
- ●分析5　情報　vs　心理
  金融情報を三位一体法で料理する ……………………………… 166
- ●分析6　織り込み済み　なる場合　vs　ならない場合
  「織り込み済み」になる、ならないはどう違う？ …………… 168
- ●分析7　歪み・偏り　vs　適正化
  相場の歪みと偏りを常に意識せよ ……………………………… 170

(黄金こらむ)　歪んだ相場 ……………………………………………… 172

第7章　リスク管理編
資金、メンタル、トレードの必須、リスク対策

- ●管理1　損切派　vs　損切無視派
  塩漬けは厳禁、ロスカット上手な戦術10 ……………………… 174
- ●管理2　FXで儲ける人　vs　FXで損する人
  儲けたければ、もっと「臆病」になれ ………………………… 176

- ●管理3　揺れる心 vs 揺れない心
  　　　　稼ぎたければ、揺れない軸足をつくれ …………………… 178
- ●管理4　ただ今スランプ vs スランプ脱出
  　　　　スランプから脱出できる5つのソリューション ………… 180
- ●管理5　トレーダーに向いている人 vs 向いていない人
  　　　　総合的技法のコツをつかめるかどうかが基準 …………… 182

福沢サンGETワザ⑥スプレッド数値の異常

- ●管理6　連勝 vs 連敗
  　　　　自己コントロールができる戦術を学ぼう ………………… 184
- ●管理7　失望感 vs 期待感
  　　　　失望と期待はチャートに刻み込まれる …………………… 186
- ●管理8　トレード日誌作成 vs 未作成
  　　　　毎日こつこつ反省日誌の上手なつけ方5 …………………… 188
- ●管理9　大負け後大きく張る vs 大負け後小さく張る
  　　　　復讐トレードは破滅の道を歩むと知ろう ………………… 190

福沢サンGETワザ⑦インナーライン割れ

- ●管理10　ナンピン肯定派 vs ナンピン否定派
  　　　　　ナンピンは失敗の戦術だと思え、しかし…… ………… 192
- ●管理11　エッジ派 vs エッジ無関心派
  　　　　　自分の優位性をとことん活かしきれ ……………………… 194

- 黄金こらむ　　天才相場師ギャンのテクニカル教訓28カ条 ……… 196

第8章 FX「銭活」テスト編
総合力は身についたか

問題1／問題2／問題3／問題4 ……………………………………… 198
解答1／解答2／解答3／解答4 ……………………………………… 200
問題5／問題6／問題7／問題8 ……………………………………… 202
解答5／解答6／解答7／解答8 ……………………………………… 204

FXトレーダーのための便利サイト ………………………………… 206

装丁・図表プロデュース／秋津学
本文レイアウト／図版　光邦
チャート／画像：楽天証券　マーケットスピードFX提供
　　　　データ：トムソン・ロイター提供

　本書は投資の参考になる情報・技法を提供することを目的としております。原因の如何を問わず、提供情報に過誤などがある場合にも、投資にあたっての意思決定、最終判断はご自身の責任でお願いします。ご自身の責任を本書になすりつける、こじつける、などクレーマー行為はやめてください。本書の内容の正確を期すために、ハンパないほどの努力の汗を流しましたけど、万一、誤り、脱落などがあっても、その責任は負いかねますので、ご了承ください。もう一度言います。投資は自己責任ですよ！　切にお願いしておきますね！

第1章

銭活FXとは、通貨を安く買って高く売り、高く売って安く買い戻すという単純原理だ。

基本編

まず知っておきたいFX基本の基本

基本 1 FX戦略 vs FX戦術

FXで儲けるための「7つの戦略・戦術」とは？

　FXトレードで福沢サンをGETし続けるためには、しっかり戦略・戦術を立て、雨の日も嵐の日も、毎日、コツコツFXトレード・マニュアルを実行することとそれを確実なものにする「考えるFX」を行うことが、鉄板原則だ。

① 福沢サンゲットのFX原理をしっかり学ぶ

　FXで「銭活」するには、通貨を安く買って、高く売る、高くカラ売りして、安く買い戻すという単純な原理に従うことだ。よーするに、まず適切に実行できる方法論や戦術を学ぶこと。そのためには、馴染みのないFX関連の用語を理解し、とりあえず本書や他のFX本を一通り読むこと。さらにもうひとつ、知っていることがトレーダーを失敗させるのではなく、知らないことが失敗を招く現実をしっかり理解することだ。

②「武器」を揃えて、まず「学習」をスタートさせる

　他社に比べ、利益を得るために優位性をもつFX業者を選ぶ。安い手数料、便利なチャートなどの精巧なトレードデバイスを提供、情報収集から注文、利益確定（利確）までよどみなく流れる環境を構築している業者がよい。口座飛ばしを予約してくれる「いきなり取引」を禁じ、少なくとも飛ばしてOKのデモ口座で「わかば期間」を設けて、じっくり「独り練習・ドリル」を行い「初陣」に臨むべし。

③ トレードの時間軸を選択

　使うトレード手法によって儲かる時間軸が変わることを知れ。たとえばファンダメンタルズを主に使う手法だと、日にちベースとなり、使うチャートは日足での大雑把な技法だ。これでも通用するが、薄利を拾うスキャルピングや波動を狙うスイング手法だと、

FX戦略 vs FX戦術

日中足（3分足や15分足）のチャート術をまず学び、それぞれの方法論・戦法を時間軸の中核に置く必要がある。

④ 心理に影響されるテクニカル分析

技術20％、心理80％といわれるFXの世界。様々な手法を使って、プロたちは敵（あなた）の心理を撹乱・混乱させ、技法潰しにかかる。スキャルピングで細かく利益を重ねるトレーダーは、アルゴリズムのHFT（超高速取引）を使うプロたちによる1分足レベルの攻撃に翻弄される。従って常時、リスク防衛策を講じるべきだ。

⑤ ファンダメンタルズ分析

重要指標、対象通貨のお国事情、要人発言、相場の地合い、経済金融ニュースなどの情報分析は、あくまで情報リテラシーの問題であり、日中足でわかる目先の動きとは、必ずしも一致しない。ゆえに、テクニカル分析との併用が求められる。その比率はテクニカル70％、ファンダメンタルズ30％とみてよい。

⑥ 徹底したリスク管理

具体的なリスク管理は必須タスクだ。虎の子の資金管理だけでなく、健康、トレード・ツールの環境整備、技法の最適化などに管理能力が求められる。売買記録に加え、トレード日誌を作成し、失敗トレードの反省、心理の克服のヒントなどをメモり、貴重な反省ノートの役目を持たせ、日常的にカンタン記述に努めるべきだ。

⑦ 最適化された自己ルールの確立

自己（あなた）に対して最適化された、あらゆるエッジ（優位性）を織り込んだ、「儲かるルール」を早急に確立すべし。つまり、そのルールに従えば、確実に利益を得られ、心理的負担も技術的負担もほとんどなく、すいすいとトレードができ、FXの「勝ち組」として稼げる力量を持てるレベルまで、一日も早く成長すべきだ。その目標達成のために、本書の存在価値がある。ぼろぼろになるまで使い倒してください。

基本 2 株 VS FX そのメリット・デメリット

儲けのチャンスの多さでは FXに軍配

　「儲けのチャンス」という観点で株と比べてみると、はるかに利点が多いのがFX。とりあえず、それぞれのメリットとデメリットをまとめてみた。

① 株のように「倒産」はない
　FXの取引会社自体の倒産は稀に起きるが、金融庁の管理下にあるので安心。海外の業者では、レバレッジ（以下「レバ」）の高さの旨みにこだわると、時には危ないので注意したい。

② 少額資金でスタートできる
　デモ口座の練習後、1000通貨で実践できるので、10万円以下でもトレードを始められる。低いリスクでこつこつと利益を膨らませ、成績が安定したら、ロット数を増やすか、レバを上げればよい。

③ カラ売りができる
　株取引では、カラ売りができる株とできない株があるが、FX取引では対面通行だ。様々な通貨ペアの売買で両刀使いができるからうれしい。

④ FXの値動きは活発で速い
　FX市場では、活発な値動きの時間帯がある。たとえばNYやロンドンの市場開始時には利益獲得を逃したくないもの。逆に言えば、主要市場での売買は、テクニカル能力が高くないと苦戦することになるので、しっかり鍛えておこう。

⑤ 手数料コストが安い
　株取引では手数料がかかる。外貨の交換コストは手数料とスプレッド（買値と売値の差）の2つで高くつくが、FXならスプレッドは今や米ドル／円で約0.3銭という具合に超安い上、手数料は不要だ。

株 VS FX そのメリット・デメリット

⑥ 通貨を選べる

複利トレードによる儲けの夢物語ばかり喧伝されているが、将来有望な国への投資としてその国の通貨を買うことができる。株は選択銘柄が多く、やたら時間と手間がかかるが、FXならそういうわずらわしさもない。

⑦ いつでもどこでも取引できる

為替市場は24時間動いている。固定時間に開かれる株式市場と違い、自分の生活サイクルに応じて取引ができる。忙しい人は「隙間時間トレード」を行うことで優位性を保てる。またPC画面に張りつかなくとも、モバイル環境があれば、いつでも売買OKで、多種な注文機能を使い、利益をGETできる。

⑧ MT4などカスタマイズできる多種のチャートを利用せよ

FXでは、移動平均線やローソク足の形状組み合わせはもうシグナルとしては、しばしば時代錯誤とみられがち。HFTの跋扈でスキャルピング法が劣勢に回り、オシレーターなどが活用されており、さらに自分でいろいろシグナルを見つけるカスタマイズ可能なMT4などのチャートを活用すれば、テクニックを多彩にできる。

⑨ 株ワザはかなりFXにも通用する

株からFXへの転入組はちょっと不安なはず。自分が覚えている株ワザがFXにも通用するかどうか、気になる。さほど心配無用、ほぼ通用する。あくまでほぼだが、FX取引での乱高下の激しさはハンパでないから、どの点が異なるのかについては、本書をしっかり読んで腕を磨き直そう。

⑩ 株に比べレバレッジが大きい

おそらくFXの最大の魅力の一つは、レバの大きさだ。射幸心を減らすための法改正後、最大25倍（株は3倍）に制限されたものの、レバが1倍で10万円儲かる場合、もし10倍のレバをかけていた場合なら、100万円の儲けとなる。逆に損をしたら、100万円の損となるから「諸刃の剣」といえよう。証拠金を担保してレバがかけられるので、もし大きく思惑が外れると証拠金維持率低下で追証が連絡される（マージン・コール）。最悪の事態は強制決済だ。小まめな「ロスカット」がリスク管理法の一つであると強く認識しておきたい。

基本 ③ 良いFX取引業者 vs 悪いFX取引業者

有利に戦える装備環境をもつ業者を選べ

　新外為法施行（1998年）後、銀行だけでなく一般に、外為取引が公開され、多くのFX取引業者が参入してきた。結果、乱立となったが、淘汰後、現在は金融庁の監視下に入り、業界は以前より健全化された。しかし大事な虎の子を運用するためには、自分にあった良い取引業者を選びたいものだ。

　選ぶポイントとしては次の点に留意したい。

① 今や手数料をとる業者はほぼ見かけないが、スプレッドが各通貨ペアでいくらになっているか押さえておきたい。業者による違いがあるからだ。
② 通貨ペア数は、多ければよいというものでもない。
③ 注文方法の種類は、株注文より多くの注文の仕方をもつ業者が多く、裁量注文とシステム注文の違いで幅広いので、トレード腕前の進み方を見て、高度な注文まで上げることができる業者を選びたい。
④ スワップポイントの扱いを覚えること。
⑤ デモトレードができる業者を選びたい。3カ月ぐらい「わかば期間」にデモトレするか、実践で鍛えたいなら、取引単位が1000通貨からの業者を選べば、リスクを低くできる。
⑥ 業者から提供されるツール。何ができて、何ができないかを確認する。ツールの利便性、チャートから即注文可か、画面の見やすさ、操作のしやすさなどの条件を満たす業者を選びたい。
⑦ 複数の業者を利用してみて、自分で比較研究をする必要はある。
⑧ 「比較.com」やビジネス雑誌などで高い評価の業者を選ぶのもよい。
⑨ 外国法の管理下の海外の業者は、言葉の問題もあって避けたい。

良いFX取引業者 VS 悪いFX取引業者

図表 1-1　FX業者の選び方

①スプレッド
買う価格（Ask）と売り価格（Bid）の差額。これがFX業者の収入になる

売値（Bid）
100.00
⇕ スプレッド
買値（Ask）
100.05

②通貨ペア
日本人には米ドル円、ユーロ円が扱いやすい。安定的にスワップポイントを稼げる通貨を選ぶ

米ドル　ユーロ　日本円

③注文スタイル
種々な注文のし方を提供してくれる自分に合った業者を選らぶ

成行注文
逆指値注文
OCO注文
トレール注文
などなど

④スワップポイント
売買した通貨に発生する利息は損益に関わるから注意

通貨ペアでずいぶん違うのね

⑤デモトレード
実践前にバーチャルトレードでドリルするのは当たり前

⑥トレード・ツール
一種の「武器」、最高の利便性を備えた武器を提供する業者が良い

⑦業者比較
少なくとも複数の業者を比較したい

A業者　　B業者

⑧評判&口コミ
「比較.com」やビジネス雑誌で高い評価のFX業者

⑨海外の業者
外国法、言語の問題などのリスクがある。反面、日本法の規制は及ばない

基本4 扱いやすい通貨 vs 扱いにくい通貨

人気通貨の特徴を知って投資せよ

通貨ペアにはそれぞれ特徴がある。トレーダーにとって注目すべき重要な通貨の特徴としてあげられることは:

① **その為替レートが読みやすい**

たとえば米ドル取引で注目される米経済関連の指標が発表されると、材料のサプライズによってはレートの動きが読める。米ドルと金は有事に強いので金価格が上がると、逆に米ドルが下がるという特徴がある。また戦争やテロなどの混乱時には、とりあえず手持ち通貨の流動性確保のために多くの金融機関がドル買いに走り、ドル上昇現象が起こりがちだ。

② **値動きが安定している**

米ドルは相場情報が入手しやすく、比較的値動きが安定している。日本で株式市場が開いている時間帯は、ドル円、ポンド円、ユーロ円が一般に安定しているが、一方レンジ圏なので儲けにくいゾーンだとも言える。

③ **その情報が入手しやすい**

米ドル、ユーロ、円、ポンドなど基軸通貨は、為替関連情報を入手しやすく、取引人口が多い。トレード戦略関係の出版物やウェブページが溢れているため、ワザやコツを身につける機会に不足はない。

④ **値動きに影響を受けるペア**

ユーロ円相場は、ユーロ加盟国の経済に左右され、特に中心国であるドイツやフランスの経済指標の影響を受ける。ユーロ米ドルは、取引量が世界でもっとも多いペア通貨なので、相互の力関係が表れる。

⑤ **スプレッドが狭い**

米ドル円のスプレッドは通常約0.3銭の狭さ。このためこのペア通貨は日本でもっとも人気がある。ということは、日本人トレーダーの影響力大?

扱いやすい通貨 VS 扱いにくい通貨

⑥ 濃いキャラの通貨

　南アフリカランドは、レートのボラティリティ（変動率）幅が大きい新興国通貨ゆえ金利が高く、スワップポイントを狙える人気通貨だ。先進国の中で高金利の通貨は豪ドル。豪州の主要経済が食糧や資源の輸出が重要な貿易収支や輸出国の需要や景気に左右されやすい。中国経済との関連も深い。

図表 1-2　扱いやすい通貨の特徴

① 読みやすいレート
経済指標の材料でレートの動きが読みやすい米ドル通貨

② 安定した値動き
日本の株式市場が開いている時間帯に注目

③ 情報入手が簡単
米ドル、ユーロ、日本円など基軸通貨は為替関連情報を手に入れやすい

④ 指標の影響を受ける通貨
ユーロ円相場は、ユーロ中心国ドイツやフランスの経済指標の影響が大だ

⑤ 狭いスプレッド
米ドル円のスプレッドは通常約0.3銭という狭さ

⑥ 濃いキャラの通貨
南アフリカランドや豪ドルの通貨キャラは濃い。前者はボラティリティとスワップ、豪ドルは金利の高さが魅力

基本5 差益 VS 金利

ムズい金利狙いより シンプルな差益を狙え

　FXには、2種類の収益がある。まずスワップ金利。これは通貨間の金利で生じるもので、マイナスのスワップ金利がつく場合は、ポジションを持つだけで、日々マイナスが積み重なるが、逆にトレンドにうまく乗れれば、スワップ金利が日々プラスにつき、儲けることができる。金利による積み立てができるので、中期・長期の運用を行えば、大きな収益を生むわけだ。

　一方、為替差益では、為替レートが日々変動するから、その差益取りの売買取引で日々得た収益を享受できる。そのためには金融経済のファンダメンタルズ分析やチャート利用のテクニカル分析により差益を累積する技法を身につける必要がある。いうまでもなく取引で損が重なると、差益ではなく、差損が生じる。

　この2種類の収益狙いで私たちが留意すべき点は、同時に両方を狙うべきではないということだ。両者はリスク管理の技法が異なるために、初級・中級の腕前では、十分にこなせないからだ。次のような違いを確認しておきたい。

◎スワップ金利狙い
①綿密なプランを立てること。少なくとも通貨ペアの過去4～5年の変動値をチェックし、金利の流れをつかんでおく。
②欲張らずレバレッジは低くおさえ、例えば2～3倍程度がよい。
③金利ニュースをまめにチェックし、金利の動きに敏感になること。

◎為替差益狙い
①ポジション量とレバレッジを決める。
②約定後、損切り設定を行う。

差益 VS 金利

③ストップロスラインを厳守する。
④オーバーナイトなら、マイナススワップ金利に気をつける。
⑤もし差益と金利の双方を狙う場合は、別口座にするのが良いだろう。

図表1-3 スワップ金利か為替差益狙いか

スワップ金利狙い ⇔ 為替差益狙い	
プランを立てる	ポジション量とレバレッジを決める
通貨ペアの過去4～5年の変動値を確認	約定後、損切り設定
レバレッジは2～3倍程度	ストップロスラインを厳守
金利ニュースをまめにチェック	オーバーナイトならマイナススワップ金利に注目
差益と金利の双方を狙う時は、別口座に	

1 基本編 まず知っておきたいFX基本の基本

基本6 レバレッジ1倍 VS レバレッジ25倍

「小さな資金で大きな利益」のワナを知れ

　レバレッジ（以下「レバ」）は、少額で大きな取引を可能にするシステムだ。FX黎明期に300倍ものレバレッジをかけ、なんと30万円を元手に9000万円ものポジションを持つことができ、一部の成金トレーダーは億単位の収益を秘匿し脱税で摘発されたものだ。むろん一方では、資金をあっという間に失うトレーダーも続出した。こうしたギャンブル化したFXに対して2011年8月に、最大25倍の規制が設けられ、爆発的ブームは沈静化したが、株の最大レバ3倍に比べると、レバのリスクはまだかなり高い。

　最大25倍のレバとはいえ、10万円の資金で250万円のポジションを持つことができるから、株に比べても、資金の増減は激しいものがある。

　要するに、レバとは、FX口座に入れた証拠金によりつくられるポジションの大小のことで、当然レバが高いと、たとえば、レバが最大25倍まで立てられるFX会社だと、仮にドル円レートが100円のときに、2万5000通貨をロング（買い保持）すると250万円のポジションになるから、25倍だと証拠金は10万円で済み、従って、仮に口座に証拠金を100万円預けていると、10万円以外の90万円は余裕資金ということができる。

　こんなふうに考えれば、レバ自体に大きな危険があるとは言い切れない。むしろ大きなポジションを持つこと自体が危険であり、従って危険にさらされるポジションを多く持つことをコントロールできれば、安全なトレードを続けられるとも言えるだろう。

　こうした合理的な理由で、従来のFXのような「ギャンブル」まがいのトレードでなく、安全運転のトレードを日々実行するには、まず①持つべきポジションを決めておく、②トレード力がつくまでの「わかば期間」には、デモトレードか、1000通貨ぐらいで練習をする、といった点に留意するとよいだろう。

基本 6 レバレッジ1倍 VS レバレッジ25倍

図表 1-4 レバレッジの仕組み

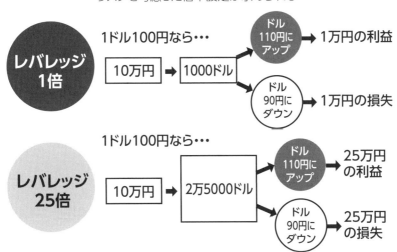

テクニカル分析 VS ファンダメンタルズ分析

チャート読みか、発表データの理由づけか

大きく分けて、FXトレードで儲けるための分析には2つある。

① テクニカル分析

為替の先行きを読むために欠かせない手法だ。

主にツールとして「チャート」を使う。

代表的なチャートには、移動平均線、一目均衡表、ボリンジャーバンド、各種オシレーターなどがある。

こうしたチャートには独自の読解法があって、しっかり学ぶ必要がある。

いずれのチャートも為替相場の特性を利用することによって予測が可能になるから、まずその特性を学ぶこと。

チャートには、過去の様々な材料、たとえば売り買い需要、為替ニュース、金利などを織り込みつつ、値動きが将来へつながっていく特性がある。

それゆえ、チャートの形状や値動き自体がトレーダーの心理に影響を与えていき、新しいチャートの値動きをつくっていく、という前提で、分析ができるのだ。

具体的分析法としては、本書で詳しく述べる「ブレーク法」「波動法」「移動平均法」「一目均衡表」「オシレーター」「ローソク足の組み合わせ」「トレンドフォロー」などと命名された技法を学んでいくことになる。

② ファンダメンタルズ分析

為替相場を読むための基礎的諸条件をもとに、それぞれの通貨国における為替影響要因を分析して具体的な為替数値を予想する手法である。

この諸条件にはいろいろあり、たとえば「経済指標」「雇用統計」「政策金

テクニカル分析 VS ファンダメンタルズ分析　基本 7

図表1-5 テクニカル分析とファンダ分析の比較

テクニカル分析

★トレンド系
- 移動平均線
- 一目均衡表
- ボリンジャーバンドなど

★オシレーター系
- RSI
- ストキャスティクス
- MACDなど

ファンダメンタルズ分析
- 需給
- 要人発言
- 経済指標
- 金利と経済動向
- 商品価格
- 市場テーマ
- 地政学リスクなど

利」「景気変動」「失業率」「国際収支」「要人発言」といった指標がそれで、こうした情報へのアクセスの仕方、そこで得た情報やニュースの内容を科学的な手法や数学を使って値動きへ予測・予想していくわけだ。

なおこの2種の分析法は、プロ・アマのトレーダーを問わず、必ず利用するが、その重視度は、テクニカル分析70%、ファンダメンタルズ分析30%といわれている。また時間軸によっても、重要度は変わる。たとえば3分足や5分足といった超短期の日中足だと、テクニカル分析の重要性はほぼ100%だと言えるほど偏重していることに注目したい。

基本 8 初級レベルの技法 VS 中級上級レベルの技法
総合的技法のマスターを目標に

　日頃、私は自分が主宰する塾「秋津学の株eラーニング」で生徒さんに、学習レベルについて、次のようにナビしている。

　よくチャートワザを初級、中級、上級レベルに分け、現在どのレベルのワザを学んでいるのか、と問う人たちがいる。しかし、実は、ワザはすべて初級と考えていただいてよいと、説明することにしている。その理由は、こうだ。

　本書でも、さまざまなFXワザを紹介し、解説している。個々のワザを覚えて使えるようになることを、極端に言えば、すべて初級レベルとみなしている。だとすれば、中級レベルの評価は何なのか。中級レベルにあるということは、そのワザをどれだけ総合的に、実践で利用できる力を身に付けているのかどうかで見るべきだと考えている。

　つまり、大事なことはこうだ。ワザを一通り身につけ、それらのいくつか得意なワザを総合的に使って、儲けられるというレベルが中級。さらにそれ以上に効率よくワザを使えるのが上級である、というレベル分けこそ、FXの技法で利益を得る、平たく言えば、稼いでしのぎを削れる、トレード主体として「エフ活」（FX活動）できるレベルの定義だと思うのだ。

　各ワザを熟知していても、うまく儲けられないトレーダーは、その程度ではまだ総合力を身に付けていない初級クラスのトレードだと、厳しく自分を評価すべきだ。

　なぜこういうレベル分けの認識をすべきかと言うと、右図をご覧になればおわかりのように、初級レベルのトレーダーには、このディスプレーを視覚的に表現しても、鮮明に見える部分とそうでない部分があることがわかるはずだ。

　一方、上級ともなると、意識的に見える、つまりトレードに必須で、それによって判断ができる、チャートのシグナルや要素がほぼ一瞬にして、初級者の

目には「神がかり」的に見ることができるわけだ。そういうレベルにいつか達することができるという目標を立てて、日々トレードをしていただきたい。

福沢サンGETワザ ① 売りか、買いか、様子見か

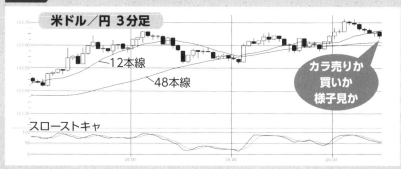

図表A 米ドル／円3分足移動平均線＋スローストキャスティクス

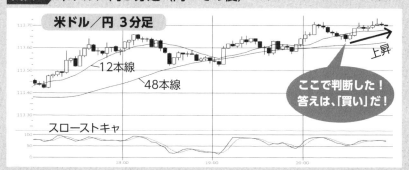

図表B 米ドル／円3分足（同・その後）

　図表Aを見よう。日中足はドル円の3分足。移動平均線は、48本と12本。48本線はなだらかな板状態で、上昇トレンドであることがわかる。17時から19時にかけて大きな波動を描き、続く小波動3番目での局面で売買判断を問うている。判断の根拠は何か。これから学ぶワザを使うと、かなり正確に目先の価格の動きを読めるはずだ。「分給」では、波動の動きを読むことを大事にする。

　オシレーターはスローストキャで、極高で売り、極低で買い戻すから、買い戻しの位置が問題。見たところそれを教えてくれるシグナルはなさそうだ。実はスローストキャの読み方にトレンドの方向が上向きの場合（今回のように）は、おおむね極低ゾーンまで落ちず、50%前後で切り返す。

　図表Bで確認すると、判断した陰足の次に反転、陽線が立っている。従ってこのワザを知らない人は驚くに違いない。本書では様々なワザを紹介してあるから、じっくり学習してほしい。

基本9 勝ちパターン vs 負けパターン

勝ち負けの重要パターンを頭に叩き込め

　FXの勝ち組と負け組の実践時の技法を詳しくチェックしてみると、勝ち組トレーダーは勝ちパターンを身につけ、技法で失敗しないように、慎重に行動していることがわかる。逆に負け組トレーダーは、ついつい負けパターンを繰り返し、判断ミスをおかし、エントリータイミングを取り違え、勝ちパターンにうまく入れないことがわかる。このように、両者の差は歴然としているのだ。

　こうしたポイント外れ、相場の急変へのミス対応、資金管理のしくじりなどの観点から、負け組はトレードを十分にマネジメントできないことは明らかだ。勝ち負けのパターンにはどのようなものがあるか、理解しておきたい。

① **貧弱なシグナル**：売買判断の際に、重要なチャートシグナルを見つけて、エントリーを決断するわけだが、これがわずか一つのシグナルでもエントリーする人は負け組に属するといえる。たとえば、グランビル法で「買い1」の位置にあるシグナルだけでエントリーする人と、その「買い1」では勝ち目なしと読み、シグナルが多く揃った他の銘柄でエントリーする人を比べると、後者を勝ち組に入れてよいだろう。

② **部分を見るだけで全体を見ないうかつさ**：負け組は、たとえば日足だけでエントリー銘柄を決めてしまいがちだ。一目均衡表で買い条件が揃ってGOするが、週足で買い条件を確認しないと、売りトレンド継続の場合、売り圧力が強く、上げたとしても、週足ではまさに日足で買いポイントが売りポイントである場合があり、当初の目論見は挫折するというのは、好例だろう。

③ **為替ニュースを理解できる知識中心のファンダメンタルズ分析に疎い**：知識の欠如は、失敗の最大の原因だ。負け組は、為替情報の基本的な理解を導くための知識を欠くことで、投資に失敗する。金融界の要人の発言を理解して為

勝ちパターン VS 負けパターン

図表1-6 勝ちパターンと負けパターンの相違

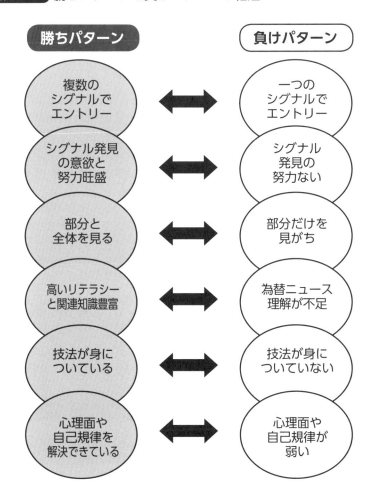

替相場にどれだけの影響を測定できるかの分析には、下積みされた核ともいえる知識の積層を蓄えないと、勝ち組として活躍できない。

④ 投資技法の原則の軽視とトレーダーの情動：勝ち組、負け組の差は、トレーダーとしてこの差を歴然と示せるほどに、心理的な問題が存在する。FX（株も）は技術20％、心理80％と言われるほどで、心理面や自己規律の徹底が重要視されてもいいはずだ。心理の脆弱さは、じわじわと利益に響く。

黄金こらむ

ランダムウオーク

　為替レートの動きは「ランダムウオーク」（乱れ歩行）と呼ばれる。つまり予想できない。ただ私は、ある程度価格の動きは予想できるが、それは、価格が下がる・上がる過程での、一種のパターンだと思っている。
　Ａ氏が通りを歩いており、私がその後ろを歩いている状況だとしよう。私はＡ氏を知らない単なる通行人。彼は十字路にさしかかるが、彼が右折するか、左折するか、あるいは直進するのか、私には読めない。
　仮にＡ氏を私の知人だとして、右折してしばらく行くと、Ａ氏の自宅があることを知っているとしよう。現在時刻は午後７時。こういう情報を得ていると、私は「帰宅の途中だから、右折するだろう」と予想するに違いない。
　たいてい、この予想は的中するが、必ず的中するとは限らない。通りをそのまますっすぐ行き、何か買い物を済ませ、また十字路に戻って来て、左折して、自宅へ帰るかも知れない。
　ということになると、予想がつかないことになる。ただし、買い物を済ませて戻ってくれば、左折することは、最初の予想よりも、はるかに、的中率は高くなると思う。たぶん、私のマーケットの値動き予想もそういうレベルなのだろう。あるレベルの情報・材料を仕込み、それをもとに、「値動きにはパターンがある」と信じて、予想していく……という繰り返しなのだろう。
　Ａ氏は、予想通り、自宅へ帰った。しかしすぐ自宅から出て来て、十字路を右折して、買い物に出かけた。自宅へ帰るという予想は的中したが、再度、出て来ることは予想できなかった。仮にＡ氏が犬を散歩に連れ出す、という習慣があることを私が知っていたら、その散歩情報も予想の中に入れられたはずだ。
　こんなふうに考えてくると、為替の動きの予想は、私たちが人々の行動把握、学問でいうと、「人間工学」に似て、トレーダーの売買行動を読むことにもつながるに違いない。為替の動きの先を読む——これは為替周辺の情報の読み方をしっかり学ぶことで、可能になると思う。
　為替レートはランダムウオークをしないのか。Ａ氏は、ランダムウオークをしない。ランダムウオークをすると思っているのは、情報を知らないからに過ぎない。値動きはトレーダーの判断で動いているものなら、人間であるトレーダーの行動や心理を読めばよい、という結論でとりあえず満足できないか。

第2章

トレンドフォローにこそ、儲け戦略がある。

取引編

FXで稼ぐ実践的知恵と知識

知恵1 効率よい時間帯 vs 効率わるい時間帯

高効率的トレードは時間帯で選べ

　さまざまなトレード技法を学んでみても、肝腎の為替相場が動かない時間帯ではトレーディングしても儲けようがない。売り買いに変動（ボラティリティ）があってこそ、利益を得られるのだから、相場が動く時間帯を見つけることが必須となる。特に「分給」を狙うなら、欧米勢が参入し活発化する時間帯を選んで戦うに限るべきだ。

① 朝9時から10時
　東京市場は一日を通して不活発だが、あえて言えば、銀行が決定する対顧客レートが採用される仲値に向かって10時頃までが活発だ。

② 16時から19時
　欧州勢が参入してくる時間帯だ。欧州各国やユーロ圏の主だった指標が発表され値が動く。

③ 21時から25時ぐらいまで
　NY時間の朝8時30分と10時ジャストからほぼ毎日経済・金融指標がリリースされ、相場を動かす。サマータイムで日本時間21時30分と23時ジャストだから、株のように会社の目を盗んでこそこそせず、堂々と自宅で場に張りついてゆっくり売買できる。なおNY株式市場のオープンも為替の動きに影響し、朝9時30分は、サマータイムで日本時間22時30分、冬時間は1時間遅れるから注意したい。

　つまり、もっとも活発な時間帯は、欧州勢と米国勢が参加する21時から25時までだから、夜更かしをさけるためには、一般に夜3時間ほどが効率的なトレード時間だと言える。FX市場は24時間動くとはいうものの、時間を限定する必要がある。

効率よい時間帯 VS 効率わるい時間帯

それから、ちゃぶつくレンジ圏ではトレードを控えること。この圏内では、値幅が狭くトレンドを読みづらい。「分給」を狙うなら、乱高下を含め大きく動く時間帯で、10分や15分のような超短時間に「隙間トレード」を断続的に行い、利益をかすめ取るスキャルピングに徹するのがよいだろう。とにかく優位性のある時間帯で勝負すべきだ。

図表 2-1 高効率的トレードの時間帯

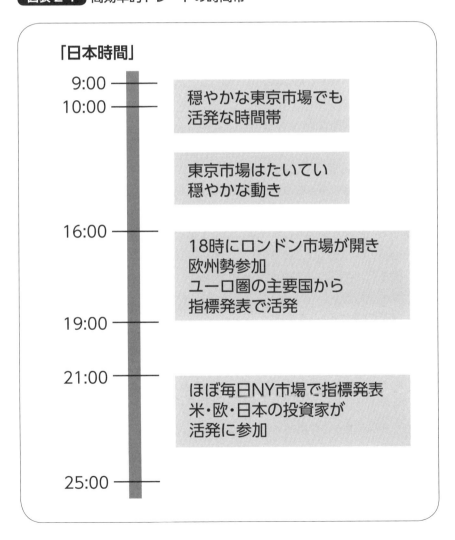

知恵 2 レンジ相場 VS トレンド相場

狭いレンジ相場は儲からないぞ

　トレンド相場には、右図のように上昇相場と下降相場の2種類ある。そしてもう一つ、レンジ相場があり、一般に為替相場の大半がレンジ相場で、上昇・下降のトレンド相場との比率は、2・6・2と考えてよいと思う。相場経過時間の観点で、レンジ相場で儲けられる時間はおよそ60％というわけだ。トレンド相場に比べ期間は長いが、トレンド相場とレンジ相場のどちらで儲けやすいかと問えば、正解はトレンド相場だ。

　たとえば上昇相場では、価格が安い位置から上昇する状態が続くので、安い価格で買って、高くなったところで売れば、当然に利益がでるから、トレンドに乗れるだけで利益を膨らますことができる。

　対極にある下降トレンドでは、高い価格で売って、トレンドに乗って、安くなった価格で買い戻せば、利益を大きくとれる。しかし、レンジ相場では、そうはいかない。時間的には長いのだが、次のような戦術が有用だろう。

① レンジの幅に関心をもて

　一定の広めのレンジの値幅を利用できれば、上値ラインと下値ラインの間の往復の値動きで、買いとカラ売りを繰り返せれば、儲けることができる。このレンジ幅が狭くなると、「ちゃぶつく」という表現するように、値動きが不安定となり、かなり売買が難しくなる。従ってスプレッドの損ばかりが積み重なり、また勝率が悪くなり、効率的なトレードと言えない。こうしたわずかな値幅の往復トレードで稼ぐことは、消耗戦なので、トレンドができるまで待つことを勧める。

レンジ相場 VS トレンド相場

図表 2-2 儲かる相場と儲からない相場

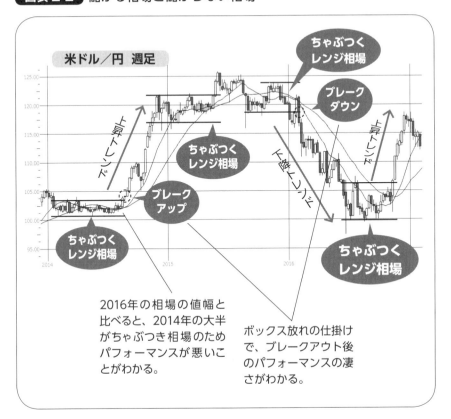

② ボックス放れに仕掛けよ

　方向性がなく、一定の値幅で行ったり来たりを繰り返すちゃぶつくレンジ相場で儲けるには、注文に工夫をこらす必要がある。逆指値注文でレンジを上放れあるいは下放れする位置に注文を予め出しておき、いざボックス放れが起きれば売り買いが成立し、新しいトレンド相場のスタートに乗れるという戦術プランを使える。つまり、レンジ放れのタイミングを待ち伏せ作戦でキャッチし、以後伸びるだろう利益を確保する方法だ。

知恵 3 為替予想　必要か VS 不要か

予想は要因パターンに依存するしかない

　毎年、上半期、下半期にドル円相場がどう動くのか、その予想がプロのアナリストから発表になるが、あまり当たらないようだ。あまり当たらないということは、為替予想を私たちトレーダーが行うこと自体がさほど役に立つようには思えない。これは為替サイトなどの記事や予想でも言えることで、まるで「町占い」のようにあまり的中したとは言えない状況だ。

　にもかかわらず、私たちは明日以降の為替を予想したいし、知りたいようだ。こういうメンタリティをどう満足させればよいのか。とりあえず2つの考えがあるだろう。

1　チャートを使う

　チャートは、その日その日の為替の動因を具体的な為替価格に変え、チャートに織り込んでいく。さまざまな需給の要素がチャートに織り込まれる結果、波動という形状が可視化されるので、テクニカル分析を行うと、その週やその月内の予想ぐらいは可能になってくる。

　一時、北朝鮮と米国との地政学的リスクが高まり、米ドル円チャートは、円高トレンドを織り込み始め、初級レベルのチャーチストでも円高相場を予想できた。非常に読みやすいトレンドのパターン的動きを予想しただけだったが。

　すでに2012年からのアベノミクスによる、また世界的な金融緩和の流れは、この政策的テーマが明確になるにつれ、ドル買い、円売りの大合唱と化し、円安の本流を見逃すトレーダーは、マクロ視点ではまったくいないほどだった。この時局でも、たやすく為替の潮流をキャッチできた。

　来年、ドル円相場はどうなるのか、といった予想は必ずしも必要なわけではない。チャートを日足、週足で読み、マクロ的に為替の動きの先読みは可能で

あり、テクニカル分析を駆使して行えばよい。ただ、なにぶんにも重要な指標の発表や為替材料が出ると、為替価格は予想外に大きく動くが、私たちトレーダーはその材料を予測する必要はない。チャートの動きを見て、次の一手を読んでいけばよい。次の一手も予想といえば予想だ。

2　材料が出た後の動きを追う

　問題はどんな材料が出るのかを予想することでもないし、また材料のインパクトは、どれくらいの価格変動を生むのか、でもない。私たちがこうした価格変動で儲けるという目標を達成するためには、材料が出た後の動きを読み抜くファンダメンタルズ分析力を身につけておくことがむしろ大事だ。もっといえば、プロ分析でも常時的に外れる予想をすること自体、時間と費用の無駄遣いで、いかに儲けられるかという目標達成に戦略・戦術を駆使すべきである。

図表 2-3　予想は難しい、とりあえずやれること

① チャートを使う
- 【例1】為替の動因は、チャートに日々「織り込み」されるので、テクニカル分析で、目先の予想ぐらいは可能だ。
- 【例2】北朝鮮と米国の地政学的リスクが高まり、ドル円相場はたいていの人に、円高ドル安相場を予想できた。

② 材料後の動きを追う
- 【例3】為替の材料が出たら、読み抜けるファンダメンタルズ分析力を身につける。
- 【例4】2012年からのアベノミクスという材料後は、その後の金融緩和の流れを追うことが、儲けるという目標達成の道標だった。

知恵4 短期トレード VS 中長期トレード

短中長期トレードの要因にこそ儲け戦略がある

　中長期トレードを行うなら、通常のトレードで、往復手数料の高い外貨預金代わりに買い建てをしておけば、スワップポイントの金利とキャピタルゲインで二度美味しい儲けが手に入る。

　そのために、長期展望の観点から、1年〜2年を見たい。どんな条件が揃うと通貨が買われるのか、だが、差しあたって、言えるのは、①経済の構造的な要因に加え、景気循環など循環的な要因が為替のトレンドやサイクルを左右、②各国の金利政策の金利差の変化、③リーマン・ショック以降の金融緩和などのグローバルな要因など、が長期的為替トレンドを形成したということだ。

　中期展望では、半年〜1年を見たいが、①その通貨の国の景気が上向き、②通貨間の金利差の変化、③利上げが近いという観測が強まる、という条件が揃うことだ。キーワードは「期待」であり、この市場の「期待」が織り込まれるまでトレンドが続くことになる。

　しかし、政府が利上げに踏み切っても、その国の経済が低迷し、金融市場に混乱が見られると、利上げ期待の剥落を理由に「期待」が一転、通貨は売られる。

　一方、短期トレーダーは、1週間から半年のスパンで見ると、為替レートに影響を与えるのは、①市場の雰囲気、②売買の需給、③市場参加者の思惑、④テクニカル要因、などの要因だろう。

　投機的なポジションが偏るときは、市場の実態と異なってしまい、本来なら通貨安なのに、カラ売りポジションへのショートカバーで一時的に逆に歪み是正で上げて行くこともあるのだ。この歪み狙いのトレード戦略は、ヘッジファンドなどが使う手口である。

短期トレード VS 中長期トレード

図表 2-4 各期間のトレード展望

長期展望
1年〜2年

- ①経済の構造、景気循環
- ②金利差の変化
- ③金融緩和など グローバル要因

中期展望
半年〜1年

- ①景気上向き
- ②通貨間の金利差
- ③利上げ観測

短期展望
1週間〜半年

- ①市場の雰囲気
- ②売買の需給
- ③市場参加者の思惑
- ④テクニカル要因

2 取引編 FXで稼ぐ実践的知恵と知識

知恵 5 デモトレード VS いきなりリアルトレード
実践と「ゴッコ」の間に何がある？

　トレードのスタートをどうやるか。デモトレードか、いきなり実践トレードでやるか、は初心者にとって考えてみる大事なテーマだ。また不調にあるトレーダー、不調がサイクルする問題を抱えるトレーダーも考えてみよう。

　まずデモトレード賛成派が考えるメリットは：

① 　手ひどく失敗した後何とか復活できたトレーダーたちが口を揃えて言うのは、しっかり訓練を積んでバーチャルでよい成績を残し、なんとか自信をもって実践へ入れというアドバイスだ。

② 　たいていのFX業者にデモ版が準備されている。実践前に模擬トレードを行い、力をつける期間を設けることは大事だ。会社入社前にインターンシップがあるように、最低3カ月ぐらいは「若葉マーク」をつけて訓練したい。

③ 　ノートを購入し、「模擬トレードノート」をつける。つけることは売買記録、損益、感想、反省記、時にはすでに実践ベテランの助言を仰ぐ。メディアを使い情報やFX用語に慣れつつ、デモ活動で充実させる。

④ 　デモに揃ったツールを使い慣れたら、チャート読みを自習し、模擬のパフォーマンスの目標を立て、できれば実践前には目標額の3倍を達成した後に真剣勝負に臨みたい。なぜ最低3カ月のデモ期間かというと、このころにトレードの「コツ」が少しわかってくるからで、雌伏の期間を積むと、技術や戦術の伸びが早い。そして自分なりの「優位性」をいくつか確保できる。

　いきなり実践派にもメリットとデメリットはある：

① 　実践とバーチャルは心理的に異なる。投入資金は少ないものの、デモ内より実践ははるかに甘くない。バーチャルは所詮、「畳の上の水練」だ。とは

デモトレード VS いきなりリアルトレード　知恵⑤

図表 2-5　「ゴッコ」と実践の間

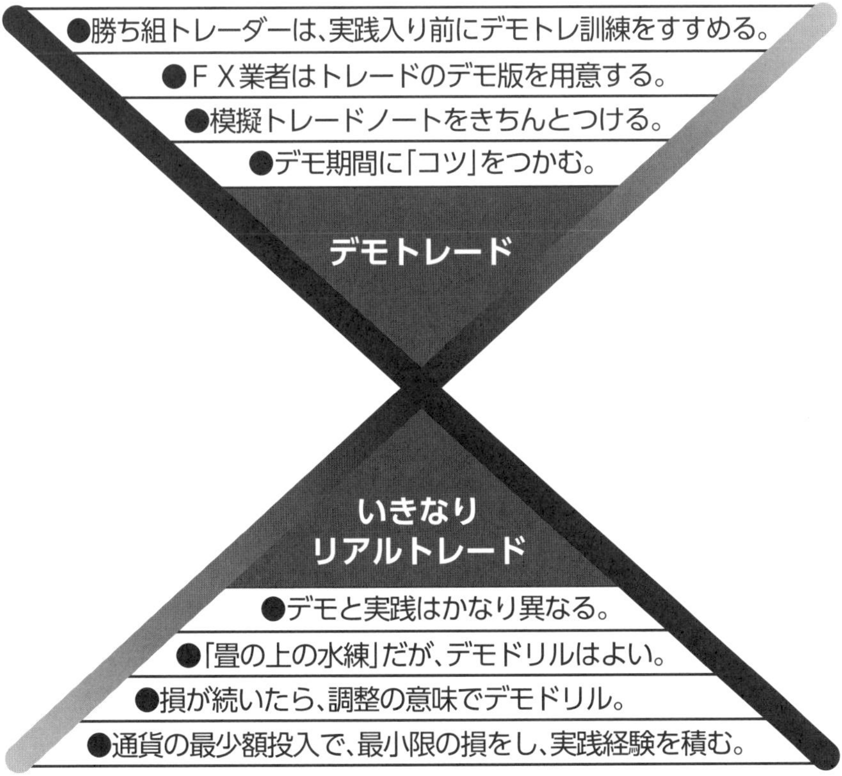

デモトレード
- 勝ち組トレーダーは、実践入り前にデモトレ訓練をすすめる。
- ＦＸ業者はトレードのデモ版を用意する。
- 模擬トレードノートをきちんとつける。
- デモ期間に「コツ」をつかむ。

いきなりリアルトレード
- デモと実践はかなり異なる。
- 「畳の上の水練」だが、デモドリルはよい。
- 損が続いたら、調整の意味でデモドリル。
- 通貨の最少額投入で、最小限の損をし、実践経験を積む。

いえ、妥協して１～２週間ほどデモをやってから実践に入るのはいい案だ。すぐデモに戻ってくるだろうが。

② 金科玉条的にデモ期間を３カ月以上に縛ると気持ちがはやり、精神的にもよくないから、１週慣れても損が続くなら、デモに戻り、野球でいう「調整期間」を設け「二軍」へ落とし、調整が済めばまた実践へ戻ればよい。その繰り返しで、実力を育てていくわけだ。

③ いきなり実践は、真剣さが違うのなら、あえて、通貨を通貨の最低単位に落とすと、せいぜい損は数十円から数百円に限定され、ロスカット設定をすれば、さほど損傷を負わないはずだ。投入資金が少ないが、ＦＸの難しさが体にしみこみ、それはそれで実体験が相場勘を磨いてくれるはずだ。

利食い上手な人 VS 下手な人

利益確定を確実にする6つの戦術

　利食いとは利益を確保することだ。この判断がきちんとできないと、せっかく取れる利益を減らすどころか、まるまるチャンスを逃すことにもなる。利食いを成功させるために、いくつか重要な技法を知っておきたい。

① **時間軸で利食いのための移動平均線を決めておく**

　たとえば、5分足を使ったスキャルピングで、12本、36本、48本の三重移動平均線を使用しているとすれば、36本線を割ったとき利食いと決めておく。この36本割れで利食いするルールは、実践的にバックテストをして決めておく。あるいは最近の為替地合いでもし24本線が優位性をもつなら、24本線と暫定的に決めておく。あくまで状況次第なわけだ。

② **陽線や陰線が伸び切ったと見えたとき**

　5分足などのトレンドに従っていて、いきなり異常に価格が伸びたとき、ロングの場合は大陽線、ショートの場合は大陰線が佇立することがある。こうした場合その異常性を感知して、とりあえず、利確し、その後様子を見ながら、次の一手を考えるべきだ。チャンスはすぐにドテンという形で現れることもあるからだ。

③ **ボリンジャーバンドの±2σか±3σを出口とみる**

　ボリンジャーバンドは利確のメドを立てやすい。バンドとして極めてまれな位置である、±2σ～±3σへ到達すれば、機械的に利確するわけだ。

④ **平均足で読む**

　平均足という判断ツールは、トレンド転換に使える。たとえば陰の足が連続する場合、明確に下降トレンドが進行していることがわかる。この足が陽転するとき、これをもって反対売買のチャンスとみるのが、平均足の利確法である。むろん他のシグナルを併用する方が確度は高い。

利食い上手な人 vs 下手な人

図表2-6 利食い上手のワザ6

①利食いのために移動平均線の時間軸を決めておく

②陽線や陰線が伸び切った、と見えたとき。

③ボリンジャーバンドの±2σか±3σを出口とみる
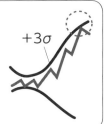

④平均足が一連の陽から陰へ、一連の陰から陽へ変わったとき

⑤オシレーターを利用し、極高・極低ゾーンで利確する
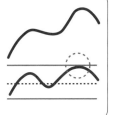

⑥グランビル法などの売買シグナルが現われる前に

（カラ売りなら「買い1」の前）

⑤ オシレーターを利用する

　オシレーターのスローストキャは、優れた利確判断を提供する。スローストキャの極高ラインで、ショートポジションを取り、グラフが極低に落ちるまで下落についていき、極低で出口を見つけるやり方だ。この戦術で注意すべきことは、ダイバージェンスを見抜いた上で、さらに下の値段に出口があるかどうかを見極めることである。

⑥ グランビル法などの売買シグナルが出るとき

　トレンドが反転するシグナルが出るときまでに、反対売買を行う。

スイングはデイトレ失敗の成れの果て

2日から2週間ほどのトレードを「スイング」といい、たった1日で完結するトレードを「デイトレード」という。スイングではポジションをとるとき、たとえばデイトレードに使う5分足と15分足を確認すると、うまいタイミングでインできる。日足の移動平均線でトレンドを確認するために使えるのが日中足で、うまくインできれば利益確保の効率化を図ることができる。

① **5分足などの日中足を利用し、エントリーを確実にする**。移動平均線でモメンタム（勢い）を確認後、上昇トレンドへ転換したタイミングでインする。このトレンドが持続すれば、日マタギのタイミングで利確を射程内において、トレール注文で最低限の値幅取りを確定させておき、利益を伸ばしていく。

② **日中足の損切り設定を使えば、ロスを最小で行えるからリスクはほぼないとみてよい**。安心感をもてる。従って、デイトレの失敗を期待だけで、スイングの損切りラインへ変えて、細かい損切りを無視することは、うまい戦略ではない。失敗を自覚してのスイングへの移行が、それ自体、一種の予定変更の敗者復活戦に参加するようなものである。

③ **逆張りの切り返しに使おう**。トレンドの切り返しのタイミングをはかれるから、ポジションメークのスタートを切れる。もちろん、底や天井を確認しても、時々パターンとして「二番底」「二番天井」などを経験するリスクはあり得る。

④ **トレンド確定後の押し目や戻しの切り返しとしても使える**。移動平均線の傾きやオシレーターを併用すれば、スイングへの移行が割合うまくできる。

⑤ **5分足より15分・30分だと、5分足のロスカットをのがれられる**。5分足のようなさらに短い日中足だと、5分足のトレンド線外にロスカット設定していても、それを超えるアルゴリズムのHFTによる、大きなボラティリティ

デイトレ手法 VS スイング手法

知恵 7

に引っかかってしまう。もしこのHFTの動きから逃れるなら、時間軸をもっと長くするとか、売買所要時間を短くしてリスクを減らす以外にマネジメントはやりにくい。

図表2-7 日中足の利用法

5分足を利用	5分足などの日中足を利用し、エントリーを確実にする
日中足でロスを最小に	日中足の損切り設定を使えば、ロスが最少にでき、リスクはほぼないとみてよい
切り返しに使う	逆張りの切り返しに使おう
トレンド確定後に利用	トレンド確定後の押し目や戻しの切り返しとしても使える
15分・30分足の優位性	5分足より15分・30分足だと、5分足のロスカット水準をのがれやすくなる

2 取引編 FXで稼ぐ実践的知恵と知識

知恵 8 ロング派 VS ショート派

買いよりカラ売りの方がかなり有利

　買いとカラ売り。どちらが有利に儲けられるのか。一概にどちらと言えないにしても、状況次第でどちらを中心に売買すれば、より儲かるのか。

　順調に波動をつくり、上昇してきたものの、いきなりカラ売りを仕掛けられて波動に亀裂を入れられ、あっという間に、元の木阿弥にされる。実践では、しばしば見かけることだ。こうした予期しない経験では金銭的損失をこうむるだけでなく、「徒労感」「恐怖」といったネガティブな心の傷が残るもの。

　売りポジションをもっているとき、価格がじわじわ上がるのを見ていても、不快感をもつものの、衝撃を受けることはまずない。しかし買いポジションがいきなり売り崩されて損矢が広がる過程では、下落速度が増すゆえ、衝撃はかなり大きいはずだ。

　私の経験では、3対1で、カラ売りが買いにまさる。カラ売りのリズムをグランビル法に置き換えてみると、売り1→売り2→売り3という流れで、リズムがとりやすい。天井圏から落ちてくると、売り圧を感じ、ニュートンの法則ではないが、落下のカラ売りの方が自然な動きに感じるのは不思議なものだ。

　一般に株式投資からFXに入ってきたトレーダーは、買い派が多く、買い安心の習性が身についており、カラ売りというトレードスタイルに心理的な抵抗感をもつようだ。従って、カラ売りのスタイルに何ら抵抗感をもたない外国勢は、むしろ、カラ売りをこぞって仕掛けてくるようだ。

　一般にトレンドフォロー時には、三段波動の完成後にトレンド転換が行われることが多く、そうした三段目にあっての売り崩しをしやすい時に、平然とカラ売りができないのでは、勝ち目がない。タイミングが一歩も二歩も遅れてしまうのだ。

ロング派 VS ショート派

「あ、崩されたな」と感じた瞬間、準備したように注文のために超速のタイプができないと、不用意なタイミング遅れで、利益を少なくするか、ドテンが遅れ、溜息をつく羽目になる。

図表2-8 買いよりカラ売りが有利

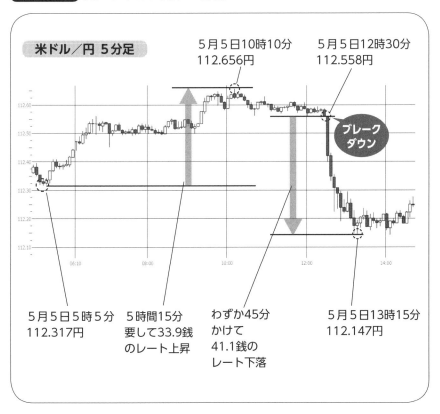

知恵 9 ツー VS カー

ツーと言えばカー、即断が必要なときに便利！

　どんな要因が通貨高を招き、どんな要因が通貨安を招くのか。この一種の法則性や因果関係が当てはまるケースをあらかじめ知っておくと、迅速な判断を必要とする際には、便利である。主だったところを列挙してみると、こんな例があり、なかなか便利である。

① 米国の対日貿易赤字が増えると円高・ドル安
② 貿易赤字国は自国通貨の価値が下がる
③ 好景気の国は通貨高、不景気な国は通貨安
④ 日本のGDP（国内総生産）の成長とともに円の価値が上がる
⑤ 購買力の減少は通貨価値の下落を招く
⑥ 日本の株価上昇は円安へ
⑦ 米国の「非農業部門雇用者数」前月比プラスならドル高
⑧ 米国の「失業率」前月比プラスならドル安
⑨ 米国の「ISM製造業景況感指数」50を上回るとドル高
⑩ 同50を下回るとドル安
⑪ ドイツの「企業景況感指数」前月比プラスならユーロ高
⑫ ドイツの「失業数」前月比プラスならユーロ安
⑬ ユーロ圏の景況感指数が前月比プラスならユーロ高
⑭ 円安は日本株買いを後押し
⑮ 円高は日本株売りを後押し
⑯ ドル相場が下がると金相場は上がる
⑰ 原油価格が上がるとドルが下がる
⑱ 原油価格が下がるとドルが上がる

ツー VS カー

⑲ 原油価格上昇なら円高・ドル安
⑳ 原油価格下落なら円安・ドル高
㉑ カナダドルと原油価格は似た動きをする
㉒ 資源価格高は資源国豪州の通貨高につながる
㉓ 世界の政治経済情勢が不安定になるとスイスフラン高

図表 2-9　注目度の高い米国の経済指標

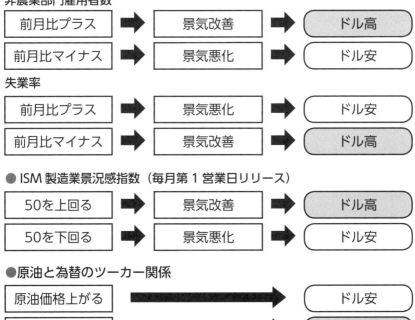

知恵 10 確実性 VS 不確実性

クールに描いた
シナリオプランを使え

　為替の価格はどう動くのか──この予想は、未来予想の一つで、予想はあまりにも不確実性にあふれているが、ある程度予想で優位に立たないとトレーダーは敗者となる。どうすればよいのか。

① 二種の分析
　一般に予想のためには経済指標などの情報を根拠にした「ファンダメンタルズ分析」とチャート等視覚的なツールを根拠にした「テクニカル分析」を利用できるから、こうした分析に精通するトレーダーは有利な位置にある。だが、不確実性の真っただ中にいることに変わりはない。要するに先が満足に読めないのだ。

② 複雑さの認識
　未来を不確実と見て、トレーダーがかかわる予想環境の複雑さを認識した上で、予想可能と予想不可能を識別する。

③ チャートは過去を織り込む
　マジョリティが指標予想に失敗すると市場が失望する。するとこのサプライズが大きな動因となり、「チャート」は、未来を予想するツールだという認識よりも、むしろ過去の材料を織り込んでいくものだ。

④ 因果律の抽出
　チャートは情報を織り込んで描くといわれるように、現象として可視的なトレンドやパターンに注目してこれらを形成する要因を突き止め、因果律的なものを抽出する必要がある。

⑤ ①から④を認識後……
　A　一つの解答にこだわるような柔軟性を欠く判断を回避する。

確実性 VS 不確実性

B 異なる未来の出来事を受け入れ、それを自由に活用できる能力を磨く。
C 結果として確実に現れる相場の最悪のシナリオと最良のシナリオの間にいくつかのシナリオをクールに描けるようにする。

図表 2-10 クールな予想シナリオプラン

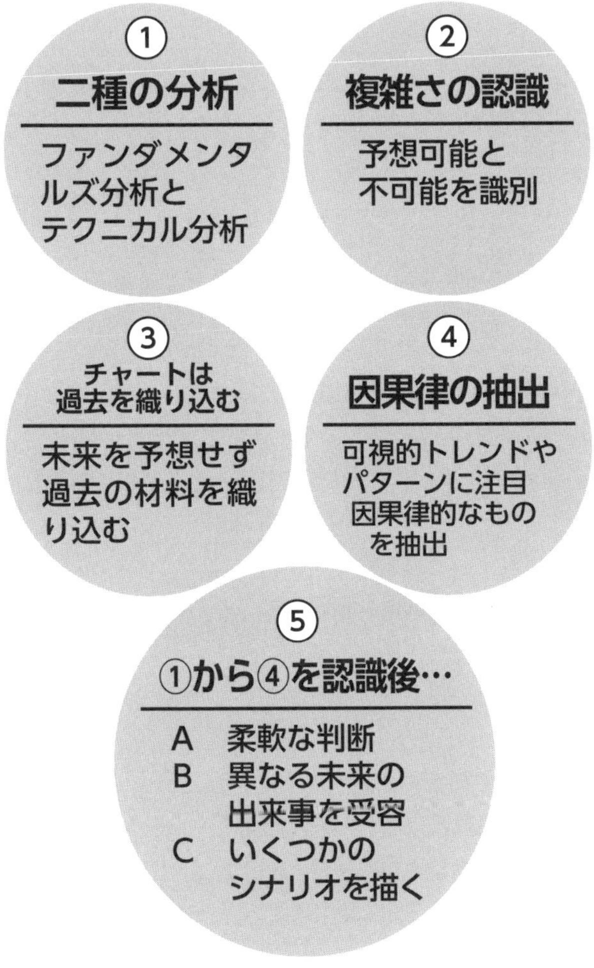

① **二種の分析**
ファンダメンタルズ分析とテクニカル分析

② **複雑さの認識**
予想可能と不可能を識別

③ **チャートは過去を織り込む**
未来を予想せず過去の材料を織り込む

④ **因果律の抽出**
可視的トレンドやパターンに注目因果律的なものを抽出

⑤ **①から④を認識後…**
A 柔軟な判断
B 異なる未来の出来事を受容
C いくつかのシナリオを描く

知恵11 成行・指値注文 VS OCO注文

注文プランで注文のやり方も違うの？

ポジションを持つ前に、たいてい利確と損切りのプランを立てるはずだ。

ポジションを持つとすぐに損切り設定を行うが、これはトレーダーの大原則だ。ストップロスは、ポジションを立てることができる大本の「証拠金」を守る「命綱」なのだが、あえて損切り設定をしないトレーダーもいる。

●成行注文

たとえば「ストリーミングトレード」を常時行うトレーダーは流れるように動く値動きを買いや売りで拾い、数分後には、別の違う潮目を見て、反対売買に切り替えるが、あまりに素早いスキャルピングは成行注文で利確してしまう。損切り設定をいちいちしていては利確のタイミングを逃してしまうからだ。

●指値注文

成行注文に対して、取引価格を指定するのが指値注文だ。その場で約定せず為替レートが指定した価格に達するや取引成立する。自分で予測を立てて取引価格を決定できるため、損益見込みを立てやすい利点がある。

●OCO注文

流れとタイミングで利確する成行注文と正反対にあるOCO注文では、エントリー直後に、利確値段と損切りの値段の両方をプランできるので、指値注文をさらに進歩させたスグレ注文方法だ。たとえば、100円50銭で米ドルを買い、101円で利確し、99円50銭になれば損切するというように、2つ同時の注文を出すことができるのだ。

このOCO注文では、2つ同時注文を出せるにもかかわらず、一方の注文が約定すると、他方の注文は自動的にキャンセルされるので、心配はない。

成行・指値注文 vs OCO注文

図表2-11 注文の仕方いろいろ

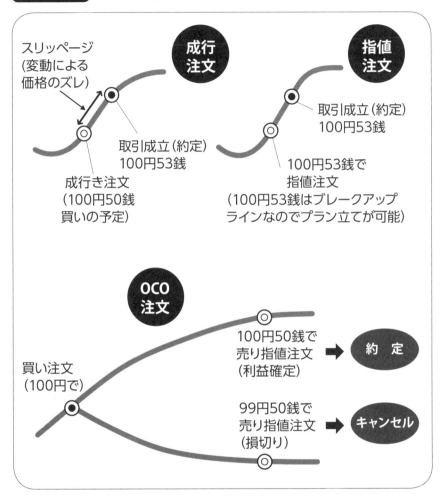

　損切りは、心理的にいろいろ問題があり、うまくできる人はなかなかいない。そこで成行注文ではついつい損切りをためらうトレーダーは、機械的に処理してくれるOCO注文が便利かもしれない。

　なお、従来から株などで当たり前に利用される利確のための指値注文、そして損切りのための逆指値注文も注文機能としてFX会社は備えているから、株取引に慣れたトレーダーはもちろんこの機能も利用できる。

知恵12 システムトレード VS 裁量トレード

結局、システムトレード＋αに徹する

　トレードには二種ある。システムトレードと裁量トレードだ。一体、どちらが有利なのか、少し考えてみたい。最近のシステムトレードの進歩には目をみはるところがあるし、解決できないリスクもあり、結論を言えば、トレードの自己ルールを主軸にして、システムトレードの弱点を補う＋αに徹するしかないと思う。

① V天井・V底の難しさ

　真正トレンドフォローのシステムだと、どうしてもV天井やV底が致命的な欠陥となり得る。分割した押し目買いがことごとく、打ち破られ、ちょうど新興株式市場の「行って来い」的動きで、多くのトレーダーの犠牲が生じるように、エントリーの乱調が起きる。

② トレンドに乗ると増えたポジションのリスクが高い

　この問題の唯一可能な手立てとして、トレンドが先に進むにつれて、ポジションを減らすことだ。システムトレードを変調させることで儲ける反システム派は、システムの死角を狙う。押し目・戻り・グランビル法などが餌食となる。

③ 移動平均線は死んだ

　これはちょっと大げさな表現だが、確かに一時ほど力があるツールとは言えない。グランビル法「買い２」のエントリー位置は、しばしば打ち砕かれるので用心が必要だ。たとえば５分足ベースの移動平均線で波動を探ると、ゴールデンクロス後でほぼ３段階の波動で潰されることが多く、気の早い仕掛け人たちは、２波動目に崩してくるから油断も隙もない。

④ ブレークアウトのダマシ

　長い時間軸のシステムトレードの大半の原理はブレークアウト利用だから、最近はこれを「ダマシ」に見せるトレーダーが多い。

⑤ 狭いレンジのトレードを控える

さらに、それにちゃぶついた狭いレンジのトレードでは、損が出やすい。システムトレードが苦労するのは、トレンドがないレンジ期間で、それを裁量トレードが判断しないと、何をやっているかわからないつまらない時間を過ごすことになる。

福沢サンGETワザ ❷ 等値法

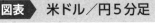

米ドル／円5分足

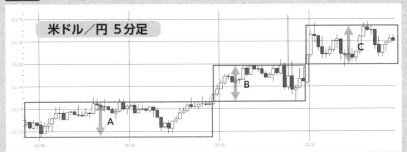

　FX相場は、それまでの価格の動きで、みずからが形成してきた波動に大きな制約を受けるというアノマリーがある。むろんすべてがそうではないのだが、この習性を使うことで、ある程度のメド測定は可能だ。その一つが「等値法」と私が呼ぶもので、紹介したい。

　仮にカコミAの値幅が16銭だとすると、次の上げ相場でできる値幅をほぼ等値だとメドを立てられる。そうすると、その上値をつかむことができる。とりあえずの応急的出口として利確できるわけだ。

　同様に、その後、さらに上げへ転じたときには、カコミBを参考にして、Bの値幅をメド立てに使い、17銭と読む。上図の場合のCは、さらに上げがあったが、メドは大きくずれてはいない。このようにして、次に起きるだろう相場のメド立てのためにカコミCのメドを予想して、無難な取引をするのだ。「旧相場」と「新相場」が相互に制約し合うという前提で、トレードマネジメントすることになる。

黄金こらむ

FX学習を支える3つの要素

　ふつうエッセイとか文学だったら、自分のイマジネーションを好みで曖昧に味わっていてもよいのだが、為替相場の技法学習では、FXのテキストで、一段も二段も上のレベルに向かわないといけない。そのためには具体的にある種の方法を身につけて、進んでいく。最初はちょっとやっかいな気持ちになるが、次第に慣れてくる。では、なにをやればいいか。私が「秋津学のe学習」で最初に勧めるのは「意識する」ということだ。FX学習で技法マスターするには、次の3つの要素が必要だ。
　①意識（意識は常に何かの意識、何かの意識をもたないと意識できない）
　②努力（強い意思と、その意思の継続）
　③習慣（繰り返し、ドリル）
　この3つを実践しなければならない。これが、学習の正体・本体で、これをきちんと守ることが、理解や判断を高度に、正確に、行うことにつながる。では、いきなり聞く。「あなたは今、どの通貨ペアを意識しているか、その理由は」と。この質問を受けて、その通貨のチャート形、レート、材料などいくつか瞬時に意識に浮かべられないようでは、ダメ。たいていの負け組にはこうした意識による緊張がない。
　この意識はFXであなたを儲けさせてくれるツールへの意識で、意識は、いつだって「何か」の意識だから。たとえば、実践で、ひどい損切り打撃を受けたら「損切り理由」への意識を持つべきだ。これができないと、失敗の後すぐに出現する勝利へのチャンスに、対応できず、頭脳とタイピングの指が動かない。
　極端に言えば、失敗後、2秒ぐらいでチャンスが舞い込むことがデイトレ実践ではしばしば起こりうることで、ダイナミックなFX売買を意識できないといけない。
　そして、単なる意識だけではなく、これをもとに思考の手続きをとる。グランビル法、トレンド線、ブレーク、ヒゲ……などなどの意識を脳裏に上らせないと、移動平均線を見ても、適切に判断することができない。意識しないで見ることは、「漠然と見る」ということ。漠然と見るだけでは、見ることにならず、対象をきちんと把握できないし、とらえるべきポイントを察知できない。だからこの作業には、努力に裏打ちされた意思がなくては、根強く続かないわけだ。
　そして、3番目の要素である、「習慣」が必要となる。最終的にはこうした手続きを「習慣」にしてしまうのだ。根強く続かせるためには、習慣にしてしまう以外方法がない。チャートは数日ぐらい経過すると、形を一変させることもある。意識しないと、それを見逃し、儲けを逸す。それをしたくないから、意識するのだ。
　これは何も相場だけに利用できる方法論・心構えではなく、日常生活、ビジネス、趣味にも利用できる。あなたが仮にゴルフが好きなら、意識すると失敗を避けられるが、漫然としていると、何度も凡ミスをするじゃないか。それを防ぐためには、過去の失敗による教訓をしっかり意識するに限る。
　かくして意識、努力、習慣化の3つの要素をもって、学習も進捗・進化するというわけだ。

第3章

テクニカル分析の要諦は、値動きの勢い、波動の方向、そしてラインの引き方にある。

テクニカル分析 編

武器としてのチャート術
（デイトレ・スイング共通）

対策 1 上げ波動 VS 下げ波動

波動の習性を読めば、値動きの方向がわかる

　為替の価格波動は、3種類に分けられる。上昇トレンドを形成する上げ波動と、下降トレンドを形成する下げ波動と、そしてレンジ内での上げ波動と下げ波動だ。それぞれの状況での波動には違った様態と特性があり、これをきちんと理解すると、稼げるタイミングがわかるはずだ。

　まず上昇トレンドにあって起きる上げ波動だが、上値抵抗ラインと下値支持ラインに挟まれた、制限された空間内での上昇だから、この2本ライン内に波動があり、価格を上げていく限り、利益は膨らむ。

　一方、逆の下降トレンドにあって起きる下げ波動の場合、やはり上値抵抗ラインと下値支持ラインに挟まれた、制限させた空間内の下降であるから、この2本ライン内に波動があって、価格を下げていく限り、ショートポジションは、利益を膨らませることができる。

　この対極的な両波動は、一般的には三段下げの波動、三段上げの波動を形成するので、三段階を経た時点で、出口のタイミングを図るために、様々な関連シグナルを探すようにする。

　対照的な両波動ではなく、レンジ内での波動は、上値横ラインと下値横ラインの間での動きに終始するから、買い及び売りエントリーはその上値と下値の限界ラインでタイミングをとることになる。

　問題は、価格に限界ラインを超えるか割るかのイレギュラーな動きが出たときにどう対処するか、だ。昨今、しばしばアルゴリズムのHFTを仕掛けられることで、損切りラインを限界ラインにおいているトレーダーたちが負け戦を仕掛けられ、フリンジ（端）での戦いが激烈になっていることだ。

　そのため、システムトレードでは、損切りラインをかなり広げねばならず、従って利益幅が平凡な数値になる傾向がある。システムトレードか裁量トレー

上げ波動 VS 下げ波動

ドかの選択が、HFTによって難しくなっていることがわかる。

図表3-1 特徴でわかる4種のトレンド

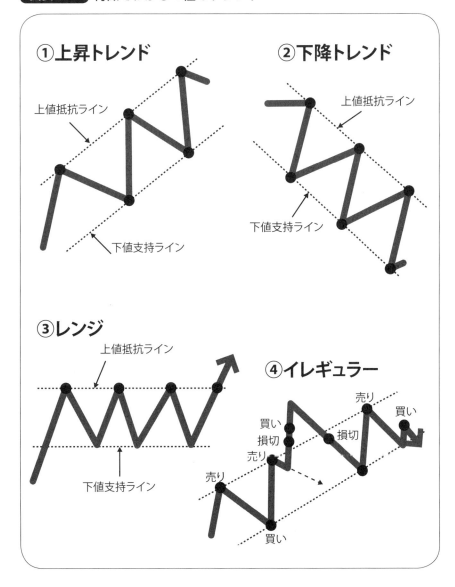

対策2 順張り vs 逆張り

順張り／逆張りの優位性はタイミングで決まる

　為替取引には「順張り」と「逆張り」の対照的な2つの取引がある。順張りはFXで稼ぐ王道といわれ、それまで相場が動いてきたトレンドに従って、取引すること、一方逆張りは相場の反転を狙って取引することだ。

　順張りは上昇トレンドが確定するのを待つから、このトレンドが継続する限りどの価格で買っても、その買いが失敗にならない。トレンド途中に下落しても前の上値を抜いて価格を上げていく。

　順張りしたのに損をしたトレーダーは短気な人で、損切り後、また価格は元に戻りさらに上げているはずだ。「上昇トレンドにある」ということは、短気で戻りを待てない人にとっては試練である。

　ところが上昇トレンドに乗って順張りをしたのに結局下げてしまい損切りしたという人がいるが、これは、本当の順張りではなく、トレンドが実は下降に転換していることに気づかず、売り抜けられなかった失敗に過ぎない。またトレンド中にもかかわらず、急に悪材料が出て、不運にもトレンドに亀裂が入ることも珍しくない。

　順張りと逆張りのどちらが得なのか。FXは株取引のように制限がほぼない取引だから、カラ売りも買いも自在に行える。そこで、どのトレード期間で順張りと逆張りを行うのか、が問われる。

　あなたが上昇トレンド中に、買いポジションにあって、急落に見舞われ、下降トレンドに転換したと判断して、今度は売りポジションをとったとする。しかし実は下降トレンドをしておらず、再度上昇トレンドへむかった場合、トレンド転換の判断に問題があったことになる。

　つまり、トレーダーは、順張りだろうが、逆張りだろうが、トレンドの転

順張り VS 逆張り

換、売買ポイントの把握、そして売買のマネジメントを学ばないと、誤ってしまうわけだ。

図表 3-2 順張り・逆張り、どっちが得か？

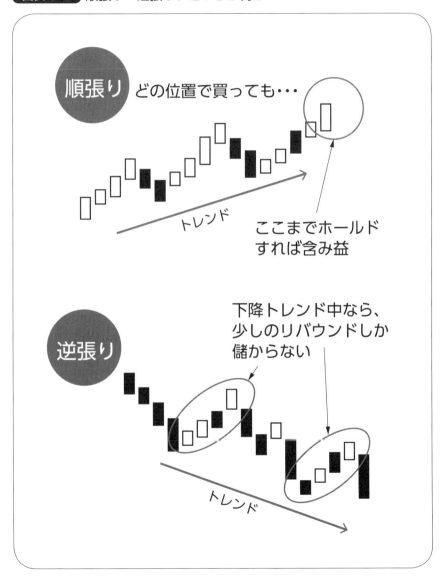

対策3 大チャート VS 小チャート

情報量優先の大チャート、瞬時判断の小チャート

　楽天証券のマーケットスピードFXを使うと、大チャートと小チャートを時間軸の本数で見ることができる。他の業者のチャートでも大小の併用はできる。大チャートとは、ローソク足の本数が300本とか400本といった多数のチャートのことで、小チャートとは、逆に100本とか80本といった足の本数の少ないチャートのことだ。

　大小チャートの併用に、どんな利点があるのか。

　まず相互の差異が、一目瞭然に識別できるということがあげられる。マクロ的に見れば全体がわかり、ミクロ的に見れば細部がわかる。

　具体的に説明すると、80本足チャートで価格下落がいくらで止まるのかわからないとき、より大きい200本足チャートを併用した場合、120本前の拡大で、同値より少し安い下値があるとわかることがある。その場合、この値段を割れば、さらに下げが加速するリスクがあると判断できる。

　逆に上値について同様に大小のチャートを併用し、現在売り圧力の強さを感じる場合、大チャートは150本前に上値ブレークアップの抵抗帯に近づいていることがわかることもあるわけだ。

　このように、大チャートと小チャートを見比べることで、二つのチャートの特性を理解すれば、重要な情報やシグナルが明確な形で読み取れる。

　右図では、小チャートでの売買判断は制限されている。遅行スパンと実線とのクロスは時期尚早。前回の上値から横ラインを引けるが、そのラインをブレークするまで待つべきか。

　大チャートを見ると、21時のポイントを起点に上値抵抗ラインを引ける。しかもすでにブレークアップしている。下値割れの懸念は下値切り上げを確認できて安心。上値抵抗ラインは下値抵抗ラインを引くことでボックスの上限と

大チャート VS 小チャート

わかった。これを突破できれば、新しい相場を期待できる。とりあえず斜めトレンドラインをブレークした「十字線」辺りで、買いエントリーが判断解答であることがわかる。

以上の読みを踏まえると、比較法の威力をひしひしと感じる。

図表 3-3 情報の大、判断の小

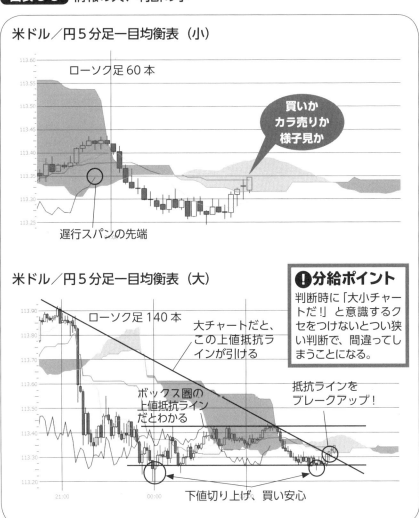

対策4 美しいチャート VS 醜いチャート

視覚的好感・不快でチャート判断は可能か

　視覚的に美・醜で判断する観点でチャートを考えてみよう。いうまでもなく、チャートは形で見せて、トレーダーが売買ポイントやトレード戦略を立てるときに、役立てるツールだ。

　チャートには移動平均線、一目均衡表、価格波動、オシレーターなどがあり、それぞれトレード判断に役立てられるように、工夫されている。チャートは視覚的な指標だから、形状を見て読むことになる。従って、形状というからには、美醜があっても当然ではないかという観点から、美しいチャートと醜いチャートを対比することで、トレードに利益となる考えを探ってみたいというわけだ。美・醜のチャートの特徴にはおよそ次のようなものがある。

① **形状**：美しいチャートとは、しばしば株本の解説に使われる基本図。たとえば、移動平均線のグランビル法の8ポイント図があり、法則に従ってきちんと8ポイントが入ったモデル図が掲載されるのが、それだ。私たちは、美しいチャートをイレギュラーな動きが捻じ曲げ、非常に歪ませてしまった形には抵抗感を覚えがちだ。醜いチャートとはそういう形状的に読みづらいものをいう。
② **モデル**：美しいチャートは、模範としてチャート解説図に利用されるから、記憶しやすくモデルとして提供される。しかし醜いチャートは、様々な形状をしており、その形状の複雑さがトレーダーの判断を混乱させ、使いづらくさせてしまう。
③ **シグナル**：チャートの形状が明示・暗示的に示すのは、トレードを左右するシグナルだ。たとえば二重移動平均線が交差する現象を、クロスと呼ぶが、このクロス現象は一例である。美しい移動平均線が交差すると、トレンドが確

美しいチャート VS 醜いチャート

定し、ゴールデンクロス（GC）だと、そのクロスから上昇トレンド、デッドクロス（DC）だと、そのクロスから下降トレンドが確定する。しかし美しくない、ここではイレギュラーな形状のクロスが起きると、トレンドの方向性が確定されず、売買判断や価格の動きを予測できなくなる。

④ **関係**：チャートは様々な要素や部位で形状を作っているが、その要素や部位が、たとえば一目均衡表の5本の補助ラインならば、それぞれの特徴的なラ

図表3-4 美・醜チャートの特徴

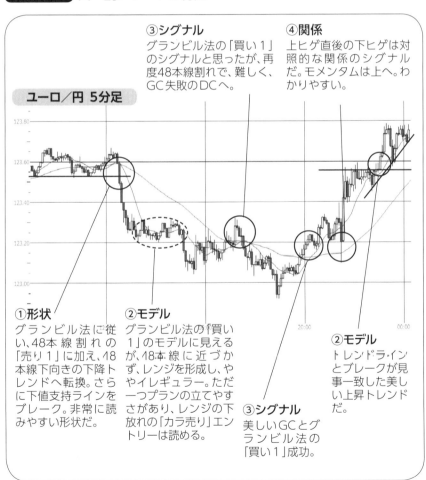

インを描いているわけだ。美しい一目で、この5本の補助ラインなら、それぞれの関係が視覚的に均整のとれた、読みやすいように描かれるものだが、醜い一目だと、こうした関係が視覚的に乱れ、読みにくい難しいチャートとなってしまうのだ。

　このように、形状的な美意識で、チャートを考えて見ると、結論として、次のような特性をもつことがわかるだろう。

① **覚えやすく使いやすい**：美しいモデル的なチャートは覚えやすく、これを基準にして、モデル的な「勝ちトレード」が見つかる。醜いチャートは複雑であり、つい「負けトレード」となる。
② **読みやすい**：読みやすいとは、チャートが示唆するシグナルが読みやすいということだ。醜いチャートだと、補助ラインなどが秩序立たず、お互いの関係をシグナルが示唆しにくくなる。たとえば、暴落がグランビル法の売買ポイントを崩し、その後の大混乱に陥ったチャートを読むことは難解だ。こうした難解な読みづらいチャートにあえて挑むトレーダーが多く、美醜チャートの観点に立てば、単に醜いチャートを無視することで、失敗を回避できる。そういうわけで、美醜の区別はとても大切なのだ。
③ **気分が楽**：美醜チャートを比較すると、トレーダーの心理として、当然、ストレスが溜まらないのは美チャートだ。落ち着いて、広々とした道を歩くように、しっかりとシグナルを判断できる。そして、判断の正解率も、安定しているだろうから、勝ちトレードに導いてくれる。
④ **継続性**：美チャートは、模範チャートゆえに、多くのトレーダーが大事に扱い、トレンドの継続性が強くなる。よって、美チャートを見つけるとその定石的な動きが継続するから、しっかりと利確設定をしておけば、勝利からはずれない。
⑤ **脱イレギュラー**：いきなりチャートが崩れることがあり、そのようなリスクの高い状況が生じた場合は、さっと逃げることが可能になる。モデルチャートが崩れたらあえて、難解チャートで儲ける必要はなく、トレードをやめればよい。こんな簡単なことさえわからないで、無謀とさえ言えるトレード

対策 4

美しいチャート vs 醜いチャート

をする負け組が多すぎる。

図表 3-5 美しいチャートの特性を見抜け！

3 テクニカル分析編　武器としてのチャート術（デイトレ・スイング共通）

対策 5 ローソク足の組み合わせ ⇑ VS ⇓

単にモメンタム（勢い）の方向で理解できる

　日中足、日足、週足のローソク足の形状と組み合わせから、トレンドの方向性を見ようとするのが「酒田五法」だ。様々なローソク足の組み合わせがあり、それぞれに独特の呼び方がある。こうした組み合わせが出現する位置でその組み合わせのシグナルの意味が異なる。この名称とシグナルの意味を覚えるのも、また初心者や初級者にはとっては学習の負担となるようだ。

　天井圏や大底圏での組み合わせ出現の意味だけでなく、中位圏でも足の組み合わせが出現するが、いずれにも売買シグナルとして足の組み合わせが現れるので、何か覚えるコツはあるのか、と聞かれる機会は一度や二度ではない。

　このように、このトピックで起きる重要な問題の一つは、ローソク足の組み合わせの種類が多すぎ、覚えられないということだ。妙案はないのだろうか。

　多数の組み合わせをシグナルとして使うことの原理を考えると、価格が上に向かうにしろ、下げるにしろ、原理はモメンタムの方向性を見つけるにはどうすればいいか、を知ることに尽きる。

　仮にモメンタムが可視的に上へ向かう場合を「⇑」のマークで表し、下へ向かう場合を「⇓」のマークで表すとすると、こうした記号による単純化によって、非常にわかりやすくなることに気づく。

　たとえば、天井圏に陽・陰の「抱き線」（右図参照）の2足の組み合わせが出現した場合、この抱き線の方向を可視化すると「⇑⇓」となり、下落を暗示することが、たちどころに理解できる（なお日中足では、右図のようなつつみ線やはらみ線のような組み合わせは出現せず、引け値と寄り値が同値となるため、モメンタムに準じて読む）。

　逆に大底圏で陰・陽の「つつみ線」の2足の組み合わせが出現したとすると、これは底打ちのシグナルだが、マークで可視化すると「⇑⇓」となり、上

ローソク足の組み合わせ ⇑ VS ⇓ 対策 5

へ向かうという判断ができるというわけだ。

目先相場の転換のシグナルを、可視化したマーク「⇑」と「⇓」で表すことで、名称はともかく、多くの様々な組み合わせのシグナルとしての意味はたちどころに理解できるわけだ。

図表 3-6 可視化マークで理解できる

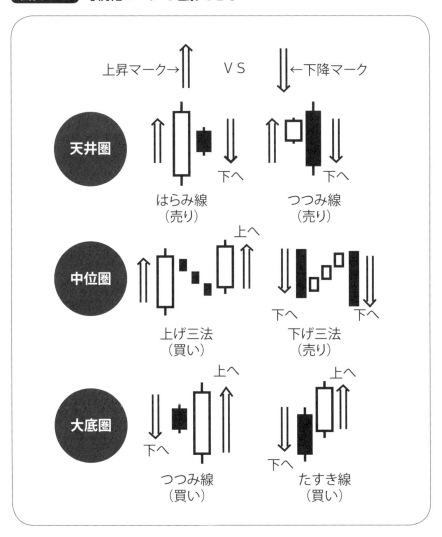

対策6 チャート単独利用 VS 複数利用

単独・複数どちらでも使い慣れたら勝ちだ

　チャート単独利用とは、たとえば移動平均線または一目均衡表をそれぞれ単独でツールとして用いることだ。狭い画面だとその1つのチャートでトレードに専念できる。一方複数利用とは、たとえばこの2つのチャートを併用することで、売買ポイント発見や値動き予測に役立つシグナルを読むときに互いの利点を生かして、効果を期待できる。

　単独利用といっても、1つのチャートを使うことで、集中度が高いと、たとえば移動平均線にラインを引くことで、グランビル法を使えることにプラスしてブレーク法（82・83ページ）を使えるわけであって、めまぐるしく値動きをする局面だと、むしろ、使いやすいと言える。

　またブレーク法自体がすでに技法として確立され、極めて効果のある戦術だから、十分に利益を得られるだけでなく、同じ戦術を繰り返し、その繰り返しのドリルを兼ねさせることで、技術アップがさらに期待できる。

　一方、複数利用は、使うチャートの組み合わせに魅力がある。大きな画面に複合したチャートを幾セットもディスプレーすることで、同時に様々なチャートを見て、トレンド系のチャート、オシレーター系のチャートを併用しながら、同時にテロップで流れる株材料ニュースへの対応も可能になるが、単独利用に比べ、操作判断が複雑で、慣れるには時間がかかるだろう。

　いずれにしろ、ご自分で慣れた、使いやすいやり方が一番よいわけで、しばらく期間をおいて、操作の練習を行うことは不可欠だろう。

対策 6 チャート単独利用 VS 複数利用

図表 3-7 チャート複数利用の有利さ

雲を抵抗帯と見立てて、この雲を越えない限り、売り継続とみなせば新規カラ売りのタイミングは、ほぼ100％の成功率を達成できる。複数利用の併用法の凄さである。

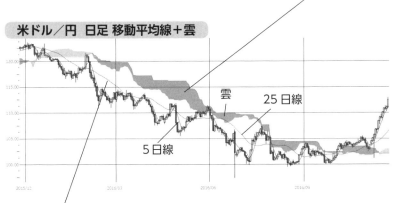

25日移動平均線越えのどの位置で、カラ売りすばよいか、を極めて正確に教えてくれるのが、一目均衡表の雲である。

±2σのバンドとスローストキャの極高・極低グラフに注目すると、出口と入口のタイミングをつかめる。

対策 7 移動平均線 VS 一目均衡表

一目でグランビル法の売買位置を確認せよ

　FXでの儲け原理は、ブレーク法と二重移動平均線の波動にある。上昇波動が仮に3つ起きて、トレンドを転換させると、第1波動から第2波動へ移行する際、第1波動のトップの上値を超えないと、上昇していかないという理屈を前提にして、第2波動の成立がある。第2波動からさらに上昇トレンドが続く場合に第3波動が起きるわけで、このときも第2波動の上値を超えて、第3波動が形成される。

　移動平均線が波動を形成するとき、グランビル法の「買い1」から「売り4」までのポイント位置を確認しながら、上昇・下降波動を理解できる。そして、これに加えて一目均衡表を併用するとさらに売買ポイントがわかりやすくなる。

　一目均衡表を学ぶトレーダーは、「一目は、単独で使うとチャートとしてかなりアバウトでわかりづらい」と思うようだ。実際、私もわかりづらいだけでなく、難しいと思っている。基準線や転換線は移動平均線と比べて、曲線ではなく、見づらいし、雲と、実線と補助線が交差すると、もはやわけがわからなくなってしまうことが多い。

　一目を解説する場合、私が行おうが読者の皆さんが行おうが、どうしても「後講釈」の印象から逃げられない。つまり一目は、強力なチャートではあるが、単独利用では、判断を誤る、という危険があるのだ。

　そこで、私が提案したいのは、両チャートを併用して判断することだ。両チャートの利点が一致、相互の弱点を補い合い、相互にポイントの的確さを教え合うのは、どこかがわかったとき、そのトレーダーは、常勝組入りに一歩も二歩も近づいているはずだ。

　併用法の最大の利点とは、「グランビル法の売り・買い1～4ポイントが両

対策 7 移動平均線 VS 一目均衡表

チャートのどの位置にあるのか確認できる」ことなのだ。①一度雲抜けした後、すぐ雲入りして失望させるのはなぜか、②移動平均線だと「売り4」の位置にあるのに、どうしてそのまま上げていくのか（週足一目を参照）、③遅行スパンが実線を上へ差し込むとき、どうして失敗例と成功例に分かれるのか、などといったことを、移動平均線が教えてくれるのだ。

図表 3-8 「移動平均＋雲」併用法

米ドル／円週足 移動平均線＋雲

●雲抜けできず失望
雲の中で値を戻すものの26週線下向きで、雲抜けに失敗。下降トレンドが雲下へ向かいトレンド確定へ—。

●なぜ減速？
5連騰後、雲抜け。さらに陽線を立てたものの、売り圧強く減速。準「下げ三法」の形が現れ「売り4」が確定へ—。

●足の組み合わせ
天井到達のシグナルがいつかみられる。

●売り1だが・・・
26週線割れの「売り1」だが、下ひげ長い小陰線が現れ、いったん26週線上へ戻した。

●上昇トレンド初動
雲抜け現象で、上昇トレンドの初期の動きだとわかる。

●1回目の押し
程よい押しで、下ヒゲの長い足出現で、先高感をもてた。

●ブレークで底脱出
ダブル・トリプル底なので、ネックをブレークアップして、底をとりあえず脱出し、次の目標は雲入りだとわかる。

3 テクニカル分析編 武器としてのチャート術（デイトレ・スイング共通）

対策 8 雲の上ねじれ vs 雲の下ねじれ

ねじれの真上・真下で目先転換が原則

　一目均衡表の重要なシグナルに「雲のねじれ」という現象がある。これはローソク足の動きによって先行スパン1と先行スパン2のねじれとして発生する現象のことで、このねじれが意味するのは「変動」だ。経験的に、約75%の確率で足の動きに変化が起こるようだ。

　具体的に言うと、右図で示すように、「雲のねじれ」として現れ、このねじれの真上や真下をローソク足が通過する際に、変動を起こすことが多いのだ。

　基本的には、経験則（アノマリー）は、以下の4種の動きを示す。

A　雲のねじれの真上に足がある場合の二種

① **下方から上昇中にねじれの真上にある場合**：これは下降が起きるので、買いポジションを減らす。

② **上方から下降中にねじれの真上にある場合**：これは上昇転換なので、売りポジションを減らす。あるいは上昇の勢いが強ければ、買い増すことも（右図参照）。

B　雲のねじれの真下に足がある場合の二種

① **下方から上昇中にねじれの真下にある場合**：下降が起きるので、買いポジションを減らす。

② **上方から下降中にねじれの真下にある場合**：上昇が起きるか、さらに勢いをつけて下落する。

雲の上ねじれ vs 雲の下ねじれ

対策8

図表3-9 雲のねじれの読み方

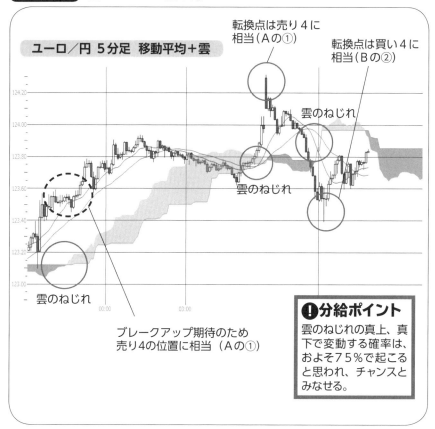

対策 9 ゴールデンクロス VS デッドクロス
真正と疑似のクロスの見分け方

　右図をご覧になれば、読者のみなさんが一目瞭然のように、短期中期の二重移動平均線は、基本的に2種類の交差（クロス）をつくる。ゴールデンクロス（GC）とデッドクロス（DC）だ。

　このクロス現象で注意したいのは、GCした後は、価格が上がっていく。逆にDCした後は、価格が下がっていく。この2種類のクロスはトレンドを転換、その方向性を決める役割がある。つまりGCは、目先の価格が上昇トレンドに入ったことを示し、DCはその反対に、下降トレンドに入ったことを示す。

　短期中期の二重移動平均線は、時間軸でいうと、一般に日足なら5日線と25日線、日中足の5分足なら12本線と48本線を指す。

　ここでさらに注目したいことは、GCでも、上昇に転じた価格がそのまま強く上げていく「真正GC」と、すぐに力を失いずるずる下げに転じる「疑似GC」があり、これらを識別することが求められる。DCも同様に、下降トレンドを維持する「真正DC」と、下げと思っていたのに、まもなく上昇に転じてしまう「疑似DC」があり、識別しなければならない。

　識別法は、2本の移動平均線の傾斜の形と交差の仕方、それに価格の位置による読みにつきる。簡単に言うと、GCした場合、ローソク足が移動平均線の上にあれば強い、下にあれば弱い。DCした場合、ローソク足が移動平均線の下にあれば強い、上にあれば弱い、と判断してもよいだろう。むろん、GCとDCには、さらにいくつかの成功・失敗のモデルがあるが、このモデルを頭に叩き込んでおけば十分に戦えるはずだ。

対策9　ゴールデンクロス VS デッドクロス

図表3-10　ゴールデンクロスとデッドクロスの真・疑

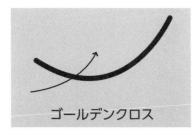
ゴールデンクロス

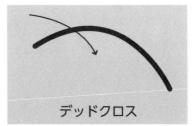
デッドクロス

●レート　➡ 長期移動平均線　➡ 短期移動平均線

真正GC
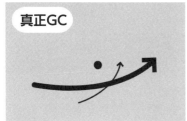

長期線が平行もしくはアタマをもち上げ、下から鋭く短期線がクロスする。レートは両線の上方の位置にある。

真正DC
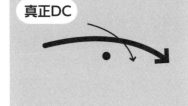

長期線が平行もしくはアタマをやや下げ、上から鋭く短期線がクロス。レートは両線の下方の位置に。

疑似GC

長期線はまだ下降中。短期線の差し込み方も弱く、長期線の横腹にクロスした形だ。レートは両線の下方の位置にある。

疑似DC

長期線はまだ上昇中。短期線の力が弱くなり、斜めからクロスするが、下落の勢いは弱い。レートは両線の上方の位置にある。

3　テクニカル分析編　武器としてのチャート術（デイトレ・スイング共通）

対策10 ブレーク法横ライン VS ブレーク法斜めライン

斜めラインより横ラインがブレーク強烈！

　FXトレーダーは、まずできるだけ正確なラインの引き方を覚える必要がある。ライン引きで注意したいことは以下のことだ。

①実体（本体）同士を結んで引く。
②ヒゲのフリンジを引かない。
③正ラインとサブラインの2種を引く。
④できるだけラインは不可欠なものだけを引く。
⑤アウターラインだけでなく、必要に応じてインナーラインを引く。
⑥引いたラインをローソク足が割る、あるいは超えたとき、目先トレンドが相場転換すると認識する。
⑦斜め上昇ライン割れなら反転して戻せば、その高値を次に起きるレンジの高値となるとみなし、逆に斜め下降ライン超えなら、引き戻されて、二番底がありうるとみなし、その後の切り返しをレンジ相場の下限とみなす。

　引き方の次に考えるべきことは、横ラインと斜めラインのブレークのうち、どちらのラインのブレークが強い、つまり成功率が高いか、である。前者が後者より強いととりあえず結論できる。視覚的にも、横ラインは「等値法」で次の相場のレンジ幅がほぼ決まるので、その新しい下値まで軽快に落ちる傾向がある。
　しかし斜めラインを割ったり超えたりする場合には、モメンタムが斜めから入るので、横ラインのブレークほど、すんなりと決まりにくい。それも、ブレーク時のモメンタムの強い状況がシグナルとして見えるとき、たとえば、ブレークを割ったり超える際に、大陰線や大陽線が立つなどすれば、一気に相場が反

ブレーク法横ライン VS ブレーク法斜めライン　対策⑩

図表3-11　ブレーク強いのは斜めか横か？

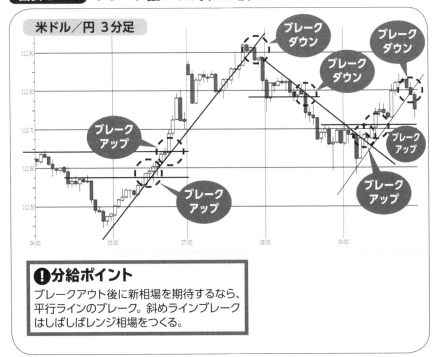

❗分岐ポイント
ブレークアウト後に新相場を期待するなら、平行ラインのブレーク。斜めラインブレークはしばしばレンジ相場をつくる。

転することがわかるので、こうした状況をしっかり見抜く必要があるだろう。

　そして、ブレークが強いとみてよいカラ売りでの場合は、次の新相場がレンジを形成後、他の下降トレンドシグナルが多数発生してくると、たとえば移動平均線が下向き始めるとか、グランビル法で「売り1」の位置になるということが生じてくると、さらに次の下値をブレークして、完全な下降トレンドを形成していくわけだ。

対策 11 大陽線 VS 大陰線

大陰線／大陽線が出現なら ほぼトレンド確定か

急騰と急落。

こんなふうに文字で表現しただけでは、イメージはほとんど浮かばず、概念を理解するだけだが、実際にチャートで、陽と陰の大ローソク足を見ると、強烈なインパクトをトレーダーは受けるはずだ。とくに小さなローソク足の連なりがつくる波動の中に、突如、大陰線や大陽線が出現すれば、視覚的に注目せざるを得ない。

問題は、大ローソク足が出現した場合に、どの時間軸のローソク足のチャートで、出現後の値動きに影響がでるのか、だ。たとえば、通常15分足チャートを使うトレーダーが、ヒゲのほとんどつけていない大陰線が1本立って、それがたいていの場合、次の足が下降することになると気づけば、彼は、「勝ちパターン」を見つけたことになる。

大陰線が長いと、直後に値段が反動的に戻すこともあるが、仕掛けたトレーダーや大陰線に気づいた追随トレーダーたちは、さらに値段を下げて、利益を得られるゾーンまでロングのトレーダーたちを追い込む必要がある。それゆえに、大陰線を見てエントリーしたトレーダーは目的を達成できるわけだ。

逆に15分足のチャートで大陽線が出現後、次の足がやや上げ鈍く、時々売り圧におしもどされるならば、投入資金をいくつかに分割して、買いマネジメントを使うという戦術も立てられる。

しかし、この15分足ではなく、5分足を軸にした場合に、同じように大ローソク足が1本立ったときに、果たして同じように次のローソク足からトレンドへの影響を与えてくれればよいのだが、15分足のようにはいかず、50％ぐらいしか効果がないのであれば、「勝ちパターン」に入れるわけにはいかない。

だからあくまで時間軸での経験則（アノマリー）なら、時間軸で、どのローソク足に効果的なのかを確認して、この戦術を使うことになる。

大陽線 vs 大陰線

対策 11

図表3-12　トレンド確定要因は大陽陰線の出現

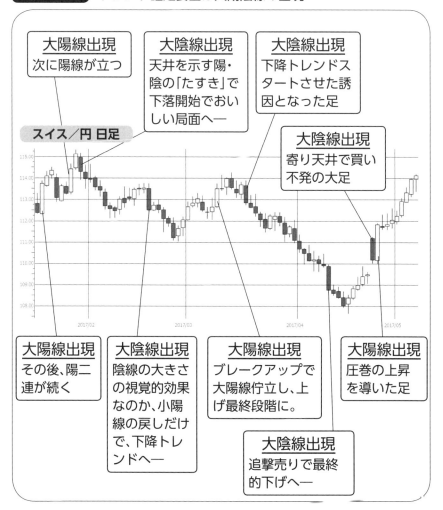

対策 12 下ヒゲ VS 上ヒゲ

ヒゲが出た反対方向へ相場は動く

　右図に示しているように、ローソク足は、本体とヒゲ部分で構成されている。ヒゲには上ヒゲと下ヒゲがあり、その特性は、伸びたヒゲと反対の方向に値動きをする習性があるということだ。

　つまり、上ヒゲが出ると、価格が下降へ向かう習性があるわけで、値動きがモメンタムによるという原理を考えると納得できるはずだ。上ヒゲは、値が上に上げてやがて下げてできたものだから、この下げが継続すると次のローソク足は下降の影響を受けることになる。

　逆に下ヒゲが出ると、ローソク足は上へのモメンタムの影響を受け、それを次のローソク足が継続しようとするわけだから、先のトレンドは上向きを継続しようとするのだ。

　どちらへ動くか先読みができないのが、十字線だ。このローソク足の形状を見ると、足を二つの形状に分割できる。形状的には、十字線はT字と逆さT字の合成で「十字」が形成されるから、いわば下ヒゲと上ヒゲの合体というわけで、十字線は「迷い線」と呼ばれるのだ。

　試しにどの位置にヒゲが出現するかをウオッチできるかというと、天井圏では、長い上ヒゲ、大底圏では長い下ヒゲが出現すると、それぞれ、ヒゲが出た方向と逆方向にモメンタムが起き、相場が転換する可能性が高くなる。これが「ヒゲの法則」である。

　天井圏では、価格は上げすぎると、売り圧を受けて反動安が起き、その運動が上ヒゲを出現させ、一方大底圏では、価格が下がり過ぎるので、値戻しの力が起こって、その運動が下ヒゲを出現させる。ここでの値戻しの力とは、新規買いやカラ売りのあわてた買い戻しなどだ。

　従って、天井圏での長い上ヒゲ出現は、天井の終了、大底圏での長い下ヒゲ

下ヒゲ VS 上ヒゲ　対策⑫

出現は、大底の終了のシグナルとみなせるわけだ。非常に強いシグナルなのでこの法則はきっちり覚えておきたい。

図表3-13　ヒゲが出た逆方向に価格は動く

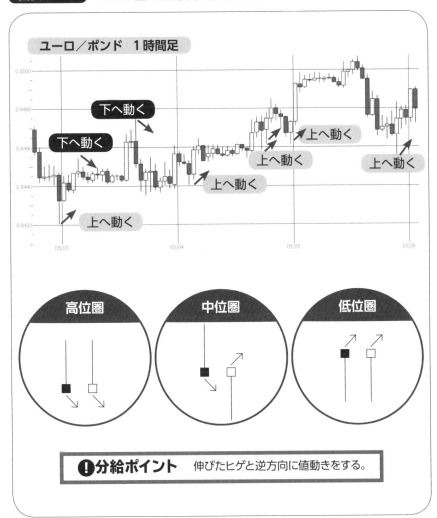

対策13 下値切り上げ vs 上値切り下げ
抵抗・支持の対極的な役割を見抜け

　トレンドがしっかり作られているかどうかを確認するためには、いくつかの方法がある。いい機会なので、その方法をいくつか上げてみよう。

① **移動平均線の傾斜**：上昇トレンドは日足なら25日線が上向き。下降トレンドは逆に下向き。5日線は上向きも下向きもある。
② **一目均衡表の基準線の傾き**：上昇トレンドは日足なら基準線が上向き。下降トレンドは逆に下向き。転換線は上向きも下向きもある。
③ **オシレーターグラフの動き**：基本的には極低から極高へ向かう場合は上昇トレンド、逆に極高から極低へ向かう場合は下降トレンド。

　こうしたトレンド把握法がある一方で、さらに簡便な見方として、「下値切り上げ」とその対極の「上値切り下げ」を見て、トレンドを把握する方法がある。
　右図の「下値切り上げ」は、上げトレンドが始まると、底から順番に上げの後の押し目のたびに、下値が前回の下値よりも切り上がっていくのが普通になってくる。切り上がると、今度は前回の上値を抜こうとするモメンタムを出来高増と陽線で感じることができる。
　前回の上値を抜く、つまりブレークアップをすると、しばらく価格が上がっていくが、やがて上値に重く売り圧力がかかり、価格が下がっていく。切り返す価格を確認すると、前回下値を切り上げた価格であることがわかる。
　このように、前回の下値を切り上げ、そして下げて切り返すときに、直近の下値を切り上げて上昇──と、同じことを繰り返す場合、私たちは、上昇トレンドと呼ぶわけだ。下降トレンドでは、上昇トレンドの「下値切り上げ」が

対策 13 下値切り上げ vs 上値切り下げ

図表3-14 価格の切り上げ・切り下げでトレンドを把握

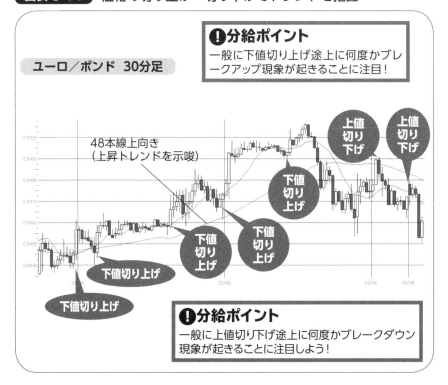

「上値切り下げ」という現象で、説明できる。

「上値切り下げ」は、「下値切り上げ」とまったく逆に、下降トレンド時に起こる現象で、上図のように、天井圏から下げが始まり、下落の過程で、価格が戻す度に、売り叩かれ、上値を切り下げていく。

価格が下がると、値ごろ感やカラ売りの買い戻しなどで、価格を戻す現象が起こるのだが、下降トレンドゆえに上値が重く、すぐに下げが始まる。この上値が戻しごとに切り下がるわけで、切り下がるたびに上値が安くなるという現象を見ると、下降トレンド継続中であることが、明らかである。

「切り上げ」「切り下げ」は、もっとも簡単なトレンド把握法と言える。

対策 14 ダイバージェンス　発生 vs 発生なし

オシレーターの逆行現象を儲けにつなげる法

　ダイバージェンスとは、モメンタム指標の方向と値動きの方向がテクニカル的に一致しない逆行状況現象のことをいう。指標としてオシレーターのストキャスティクス、MACD、RSIなどを使える。価格が切り上がっているのにオシレーターの値が逆に切り下がる状態や、価格が切り下がっているのにオシレーターの値が逆に切り上がる状態をいう。

　普通は、価格が上がるにつれオシレーターの値が上がり、下がるにつれオシレーターの値が下がると思っている人は面食らう。そして負ける。

　この忌々しい、かつ呪わしい逆行現象を理解し、なんとしても儲けにつなげられないか。こんなふうに考えたらどうだろう。

① 一般にこの逆行現象はオシレーターの極高か極低ゾーンで起きる

　右図のように、移動平均線とRSIのグラフを比較してウオッチすると、この場合は上昇トレンドだが、極高ゾーンで逆行現象が起きている。移動平均線では前の山をブレークアップしているのに、RSIの前の山を越えられない。この現象は、上昇トレンドの場合には極高ゾーンで発生する。逆に下降トレンドでは極低ゾーンで起きる。

② 極高ゾーンではわずかの価格下げが過度に反応する

　上昇トレンドの途中でのオシレーターは率直にグラフを上げるが、天井圏に達すると、極高のグラフになるが、さらに価格を上げると上昇内でのちょっとした下げが過度に反応して、グラフを下げてしまう。これは、移動平均線のグランビル法の「売り4」の位置で起き、ブレークアップしてカラ売り失敗となる。しばしば見かける「踏み上げ」と呼ばれる現象だ。下降トレンドでは、そ

ダイバージェンス 発生 VS 発生なし

図表3-15 ダイバージェンスで儲ける法

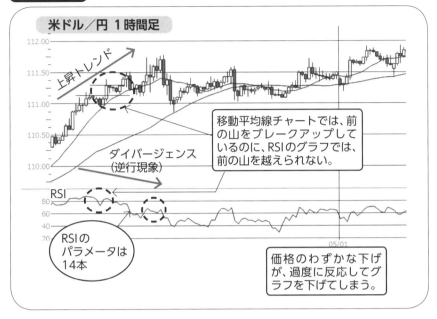

の逆になり、価格が下がってもオシレーターのグラフが上げるのだ。

③ 移動平均とオシレーターを併用、グランビル法の売買ポイントで判断する

　上昇トレンド中では、「売り4」や「買い2」の位置に注意。「売り4」では、逆行現象が起こりつつあり、前の上値を超えそうになれば、追加買いに転じ、カラ売りに嵌まらないように注意する。「買い2」の位置でグラフの山が切り下がってきてもなお、値の落ち方が微小なら、追加買いへ判断する。下降トレンド中は、その逆を判断することになる。

④ 移動平均の売りシグナルとオシレーターの売りシグナルの一致を見よ

　さらに儲け方として両シグナルの一致を使う。移動平均線の天井通過を確認し、オシレーターのブレークダウンをしたとき、中期移動平均線割れ（売り1）地点がカラ売りエントリーできる。下降トレンドの場合は、同様に底値圏でのグラフが前底からブレークアップしたとき、中期移動平均線超え（買い1）地点で買いエントリーできる。

対策 15 フィボナッチ計算　押しメド VS 戻しメド

計算するための 5つの技法獲得の道

　天井に到達した為替価格が下落を始め、どの程度の価格で下げ止まるのか、あるいは底を打った価格がどのくらいまで戻すのか、こうしたメドを測るツールが「フィボナッチ計算」である。

　黄金比という自然界や建造物に見つかる「1：1.618」は「もっとも安定した美しい比率」と形容され、美しさと不思議な力をもつ数字だ。同じように中世のヨーロッパで発見された似た数列が「フィボナッチ数列」で、経験則的メドとして「心地よい位置で株価が止まる」値段として選ばれた3つの数字が：

　　0.382
　　0.5
　　0.618

というわけだ。この3数列を為替価格に使う場合、(1) 上昇後の反落局面（いくらで下げ止まるか）、(2) 下降後の戻り局面（どこで上がりきるか）の2つのケースを考える。つまりメド計算は、38.2％、50％（半値）、61.8％となるわけだ。

　そして考えるべき重要な点は：
① 下げメドの起点と終点をいくらにするか。
② 上げメドの起点と終点をいくらにするか。
③ 計算できる時間軸は「分」から「時間」、さらに長期的には「日」から「月」までOKなのか、測定無理な時間軸はあるのか。またもっともフィボナッチ計算が正確に使えるのはどの時間軸か。

対策15 フィボナッチ計算 押しメド VS 戻しメド

図表3-16 考えるべき重要な点

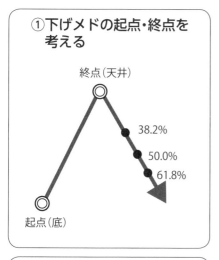

① 下げメドの起点・終点を考える
② 上げメドの起点・終点を考える
③ フィボナッチ計算を正確に使えるのはどの時間軸か、を考える
④ 為替価格と一致しない場合、メドの調整をどうするか、を考える
⑤ フィボナッチ計算と併用できる波動論・時間論を考える
こうしたことを考える過程で、新しい気づきが、必ずある

④　フィボナッチ計算はメド立てなので、ぴたりと数値が為替価格と一致しない場合には、どのように数字の調整ができるのか。

⑤　波動論と日柄整理の日数計算を利用して、フィボナッチ計算との併用は可能か、あるいは一目均衡表の時間論を利用して、フィボナッチ計算との併用は可能か、仮に山→谷の下り日数と谷→山の上がり日数を利用すれば、フィボナッチ計算との併用は可能だろうか。

　以上5点の疑問をいかに解決できるか、を考える必要がある。その考える過程で、新しい気づきがあるはずで、それが「考えるトレーダー」を完成させてくれる一助となるだろう。

対策 16 グランビル法売り VS グランビル法買い

売りポイントの威力が勝る理由

　古典的テクニカル技法の移動平均線だが、通常、二重移動平均線の差に着目して、グランビル法の売り買いポイントそれぞれ4つで、売買判断ができるスグレものとして、利用されている。

　この法則のモデル図（右図）は、よく知られており、私も株本で何度か解説してきたことがあるが、売りポイントと買いポイントのどちらが利益の観点から有利なのかという点は、あまり解説がされていない。結論的に言えば、私は売りの方に優位性があると思っている。

　その理由としてあげられるのは、次のようなことだ。

① **売りの一般的優位性**　一般に買いより売りの方が優位に立つ。買い上がって天井へ到達する時間と天井から同じ値段へ下落する時間を比べた場合、売りの方が速い。ということは、売りの方が儲ける点では、効率的であると言えよう。

② **買いの偏重**　株からFXへの移行組に、株で身につけた買い偏重者が多く、カラ売りをあまり好まない傾向があるので、ショート派の餌食になりやすい。また買ってもいないポジションを売るという居心地の悪さがカラ売り行為の心理的縛りとなっている。

③ **実際売りが強い**　フォローするトレンド次第であるが、まずトレンドは上か下かを確認し、日足ベースで売りトレンドフォローの場合、たとえ戻り基調に見えても、売り1、売り2、売り3が優位となる。

④ **FXの過去の歴史**　近年に限って見ても、たとえばヘッジファンドによるポンド安の際は、抵抗ラインを破るよりも、支持ラインを破る方が、優位性があったことは明白である。

対策16 グランビル法売り VS グランビル法買い

このように見てくると、売りの方が買いより優位性があることがわかる。

図表 3-17　グランビルの8法則

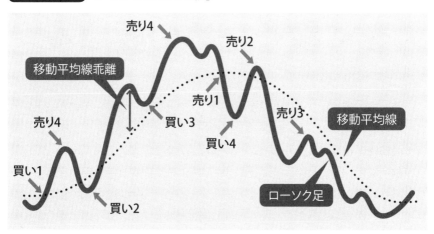

買いの法則1（買1）　移動平均線が長期的に下落するか、横ばい状態ののちに、上昇に転じ、価格が平均線を抜いたとき。

買いの法則2（買2）　移動平均線が上昇を示しているときに、価格が移動平均線をすこし割り込むくらいに落ちてきたとき。なお上昇トレンドにあると見て、追加で買う。

買いの法則3（買3）　価格が足踏みしながらも、上昇中の移動平均線とクロスしないで、ふたたび上げ始めたとき。

買いの法則4（買4）　移動平均線が下降しているときに、価格が移動平均線を大きく割り込んで、移動平均線との乖離が大きくなって、リバウンドを狙うとき。

売りの法則1（売1）　移動平均線が長期的に上昇するか、横ばい状態ののちに、下降に転じ、価格が移動平均線を割ったとき。

売りの法則2（売2）　移動平均線が下降を示しているときに、価格が移動平均線を少し越えても、それ以上は上げず、ふたたび下げ始めたとき。

売りの法則3（売3）　価格が足踏みしながらも、下降中の移動平均線とクロスするか、しないかのところで、ふたたび下げ始めたとき。

売りの法則4（売4、2カ所ある）　移動平均が上昇しているときでも、価格が移動平均線を大きく上回り、移動平均線との乖離が大きくなって、株価に過熱感がでてきたと判断したとき。

対策17 天井 VS 底

トレンド転換ゾーンで大きく稼ぐための要点4

　天井と底で稼ごうとすると、かなりのリスクを背負うトレードになるといわれている。「アタマとシッポはくれてやれ」というわけだ。リスク的には、天井・底値圏で稼ぐのは至難の業だということである。果たしてそうか。

　FXの格言では「トレンドに従え」「トレンドは友人だ」といい、トレンドフォローの投資スタイルがもっとも安全であるという戦略を認めた経験則（アナマリー）が強いようだ。しかしこの原則は正しいのか。以下のようないくつかのポイントを考える必要があるようだ。

① **崩されるトレンド**：トレンド崩壊のリスクをしばしば経験するはずだ。特にHFTのせいでトレンドは以前ほど安全ではない。たとえばグランビル法の「買い2」などの押し目がHFTの威力で一気に「売り1」となってしまう。だから、売り崩されたら、崩れた方向へ転換すべきだ。

② **天井・底のシノギ技法の完成**：利益を得るには難しいゾーンだが、このゾーンで生き残れる技法を確立できれば、しのげる。つまりアタマとシッポさえも取れる。大きく稼ぐためには、大きな値幅を取るか、細かく稼いで複利で増やす以外にない。数回損切りしても大きく稼げば、利益は十分取れる。

③ **ブレーク法を使う**：二番天井と二番底のブレークタイミングが取れたら大きく稼げる。技法はシンプルで「勝ちパターン」となり得る。特に天井と底でのトレーダーの心理を把握すれば、彼らはいつも同じ行動をとるので、扱いやすい、と判断するのは、一人よがりで傲慢な考えではない。

④ **天井・底ゾーンでの失敗直後の戦術**：天井・底通過は後になってわかるといわれる。天井・底ゾーンで利益をとるのが難しいのは、グランビル法だと、「売り4」と判断できるが、さらに上値をブレークされることもあり得るから

1回仕掛け VS アベレージイン　対策⑱

りあえず半分に分割し、半分を利確後、残る半分を「トレール注文」設定で、トレードにうまく乗れたときにも、急な動きの変化にも対応でき、利確を守れるようにする。

④ アベレージインとナンピンインの差異

　どちらも売買法の一種だが、アベレージインの分割法は戦略的には正しく、一方ナンピンイン（アベレージダウン）の分割は、「失敗トレード」の苦肉策に過ぎない。アベレージインには、積極的な計画性があるが、ナンピンインは後付け計画というほどの情けない戦術だ。自分で暴落急落を起こす引き金とさえなることもある。

福沢サンGETワザ ❸ 遅行スパンの念押し

　「念押し」という考えはトレードでは重宝する。よく知られているエントリーシグナルに「遅行スパンの実線とのクロス」というのがある。クロスがトレンド転換のシグナルだと読むのだ。このラインが実線を下から差し込むと買い、実線が上から差し込むと売りというわけだ。しかしこうしたシグナルが出たからといってすべて成功ケースになるわけではない。

　そこで「念押し」すると成功率を高められる。たとえば遅行スパンが下から実線を抜いても、即買いエントリーと判断せず、一呼吸おいて、クロスしたという26日前の周囲の状況を確認してみるのだ。遅行スパンが進む方向に補助線があるかないか。仮に進む方向すぐに転換線や基準線が立ちはだかっていたら、それらを遅行スパンが抜くまで待て。つまりこの2線を抜くほど強い上昇力があるかどうか念押しして確認するだけで、途中ヘタレるモメンタムでないことがわかるわけだ。

3　テクニカル分析編　武器としてのチャート術（デイトレ・スイング共通）

黄金こらむ

本・サブトレンド線の本質

　トレンド線には①本トレンド線と②サブトレンド線の区別がある。
　これはトレンド線の大小で分けていて、時間軸のどの足にも存在する。たとえば5分足の波動でもこの2種のトレンド線を引ける。
　なぜこうした分け方が必要かというと、目先のトレンドを見ながら、さらにその先を予想する際、より大きなトレンド線を引いてみないと、価格の動きがトレンド変化したことを察知できないからだ。
　5分足という短い時間軸でも、1日単位では、いろいろな波動を形成するから、サブトレンドだけに注目していると、小さな変化に惑わされてしまい、大きな流れである本トレンドが見えない。
　要するに問題は、本トレンドかサブトレンドか、の選択となる。
　仮に本トレンドだけで判断して勝負しようというトレーダーは、広いレンジ内での細かい動きに関心を持たず、広いレンジ外に動いたときを相場転換とみなし、売買行動をとる。広いレンジ外への動きは、ある程度の時間を経て行われるから、次に生まれるその新しい領域での動きは、大きな儲けにつながる可能性が大きい。
　しかし、この長い時間経過の中では、サブトレンドを見ても、さらに狭い個々のレンジでも儲けるチャンスが生じるから、期間という時間のスパンによって、この場合のトレンド線ブレークは短期なら判断が適切だろう。とはいえ、時間スパンが長くなると、サブから本トレンドを意識する、といった区別が必要になってくる。
　この時間の経過に、チャートの本質がある、と言えよう。
　5分足でさえ、1日単位で見ると、数回の波動、つまり天井・底・天井・底といった株価の上げ下げの動きがある。この波動にトレンド線を引くことで、先を読み、売買転換を予測できるようにするのが、私たちトレーダーがチャートに与えた役割の一つなのだ。
　このように考えてくると、分足（デイトレ）、日足（スイング・短期）、週足（中期）・月足（長期）といった、時間経過で短期的に見るチャートと巨視的に見るチャートにわかれているのは、その本質的意味を知るためだとわかる。
　なぜ時間によって違うチャートを見るかだが、分足チャートで見えないものを日足チャートで見て、日足チャートで見えないものを週足チャートで見るためである。むろんその逆も言える。

第4章 デイトレ編

隙間トレードは、各チャートの併用ワザで分給を生む。

リスクの低い隙間トレードを攻略する

ワザ 1 隙間トレード VS じっくりトレード
素早く隙間トレード、
じっくりは波動狙い

　恐らく本書が自信を持つ特長の一つは、本書が「隙間トレード」を勧めている点だろう。「隙間トレード」は「snack trade」と名付けることができる。

　英単語snackには、食間に食べるカンタンな食事という意味がある。snackの意味から推測できるように、snack tradeとは、5分から10分ほどの超短時間に、主にスキャルピングのテクニックを使い、500円から1000円の利益をかすめ取る、電光石火の稼ぎワザのことをいう。

　仮に10分で500円を稼ぎ、トレンドフォローで数回トレードに成功すれば、数回かすめ取れる。単純アルバイトだと、時給が1000円になるが、こんなふうに、FXトレードだと、「1分給」500円も可能になる。

　むろんいつもそううまく事は運ばないだろうが、トレンドフォローのFX技法をマスターすれば、勝率を80％にまで高めることが可能なので、破綻リスクはほぼゼロとみなせる安定した「分給」が期待できる。

　私がナビする生徒さんも、自分のテクニックのレンジ内での繰り返しトレードで成功している人も多い。

　このような200円、300円の細かい稼ぎを集積すると、時給5000円と評価ができることも珍しくないと言えるよう。

　じっくりトレードだと、HFTの仕掛けが入り、細かく稼いだ利益を突如奪われるリスクが高いのだが、超短時間の隙間トレードだと、リスク負担がかなり軽減されるといった、優位性がある。またアウターライン周辺に張り巡らされたロスカット設定が一斉に作動してしまったとき、隙間トレードの特性の一つである「裁量ロスカット」を利用して、通常の危機を逆に裁量トレードゆえの、反動的な動きをチャンスにできるという優位性もある。

対策17 天井 VS 底

だ。また「買い4」と判断したが、さらに下値をブレークされるケースもある。この点に注意して「勝ちパターン」のルールを作ればよい。損切りコストは天井・底ゾーンではフリンジに位置するから、意外に小さいぞ。おじけづくな。

図表3-18 トレンド転換ゾーンでの稼ぎ方

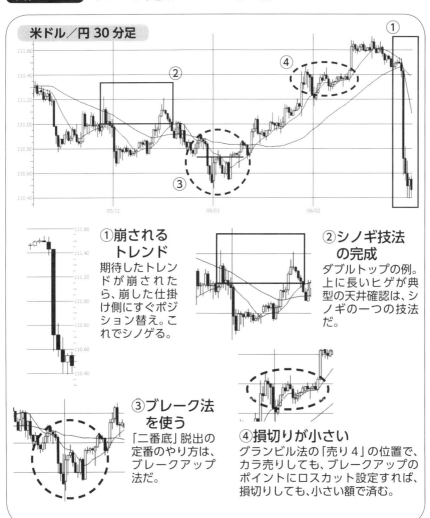

①崩されるトレンド
期待したトレンドが崩されたら、崩した仕掛け側にすぐポジション替え。これでシノぐる。

②シノギ技法の完成
ダブルトップの例。上に長いヒゲが典型の天井確認は、シノギの一つの技法だ。

③ブレーク法を使う
「二番底」脱出の定番のやり方は、ブレークアップ法だ。

④損切りが小さい
グランビル法の「売り4」の位置で、カラ売りしても、ブレークアップのポイントにロスカット設定すれば、損切りしても、小さい額で済む。

対策18　1回仕掛け VS アベレージイン

資金は分割投入でリスクを回避せよ

　「ストリーミングトレード」というトレード法がある。通貨ペアの価格数値の移動の流れを見て、欲しい価格を一瞬に注文し、約定させる。成り行きでポジションを決めたわずかな時間内に、モメンタムを読んで利益が乗るや、さっと成り行きで利確するので、かすめ取るという言葉「スキャルピング」がぴったりな素早い売買法である。

　タイミングとロット数次第でトレードリズムに乗れば、着実に利益を稼げるテクニック重視の戦術だが、もっとプラン性の高いしたたかなエントリーもある。それは、チャートを見つつ、ポジションを立てる値段をレンジ化し、数レベルのポジションで組み立てる「アベレージイン」というやり方だ。以下のような特徴があるので、簡単なリスク回避法としてぜひ使ってみてほしい。

① **リスク回避**
　1回だけの仕掛けよりも、アベレージインの方がリスク回避ができる。むろんアベレージインをしたすべてのポジションを崩された場合は、損切設定に敗戦処理は委ねられる。

② **分割の仕方**
　チャートのテクニカル分析を基礎に、ポジション設定価格を決定。その価格レンジの幅内で数レベルのポジションを立てる。むろん損切り設定を忘れない。時には、その価格レンジでエントリーの確信の差があると思われ、ポジション数量の違いが生まれるはずだから、数量の厚みを変える。

③ **特殊注文の利用**
　FX業者の中には「トレール注文」というツールが利用できる口座がある。アベレージインの反対にアベレージアウトですでに利益が乗っている場合、と

ワザ 1 隙間トレード VS じっくりトレード

図表 4-1 隙間、じっくりの比較

	隙間トレード	じっくりトレード
手　法	●ストリーミング売買 ●スキャルピング ●1分間から10分間 ●細かいトレードマネジメント	●移動平均線 ●一目均衡表 ●ブレーク法 ●各種オシレーター
トレンド	●順張り ●グランビル法「買い1」～「売り4」、「売り1」から「買い1」間の切り取り	●順張り＆逆張り ●天井圏から大底圏までの波動
リスク	●低い ●HFTの仕掛けに出会う率が低い ●「かすめ取り」「早い逃げ足」	●比較的高い ●HFTの仕掛けに弱い ●勝率より儲け率、3勝7敗でも勝つ
収　入	●「分給」と考える ●さっと儲け、さっと休み、さっと儲け、さっとやめる	●時給、日給、週給 ●収入にムラが生じやすい
ロスカット	●裁量ロスカット ●こまめに ●大きく敗けないために	●OCO注文でロスカット ●トレードマネジメント

4　デイトレ編　リスクの低い隙間トレードを攻略する

ワザ2 3分・5分足 vs 15分・30分足
日中足の時間軸に注目しないと負けだよ

　この2種のペア足の比較はどんな意味があるのか、考えてみたい。右図を参照しながら、以下の解説を読んでほしい。

① **時間足の長いペアの方でトレンドを見よ**

　長い時間足のペア足がトレードキャッチ足としては、優れている。起点が同時刻で、その後の足の動きを載せてみたが、5分足では、やはりトレンドを推定するには、早すぎるようだ。30分足では、軽い押し目だが、5分足では深い下落となっており、やはり時間軸が早い足では、トレンド転換と読んでしまう愚をおかしてしまい、結果損切りとなるが、時間足が長い30分足では、5分足の損切りレベルはセーフで危機をクリアできたようだ。この差はかなり意味ある差とみなせる。

② **短い時間軸の「分給」の戦術として使え**

　3分・5分足を「分給」の戦術として使えば、特に力を発揮する。たとえばHFTの仕掛けによる急激な値動きで、多くのロスカット設定がひっかかり被害を受けることが多い。しかし数分の超短時間で、スキャルピングで薄利をかすめとる戦術は、超短時間の瞬き戦法なので、HFTの仕掛けの難を逃れる確率が高い。波動に長く乗っていると、いきなりやられるが、瞬きの間だと、仕掛けにひっかからなくて済むからだ。

③ **レンジ圏内でのトレードで利点がある**

　これはどういうことかというと、たとえば5分足でのボックスがあるとしよう。普通は5分足のボックスの上値下値の限界を少し甘くして、そこにロスカット設定を行うのだが、このボックスのレンジ幅は5分足よりも15分足の方が広いわけで、もし15分足のボックス幅にしておけば、HFTの仕掛け内なの

3分・5分足 vs 15分・30分足

図表 4-2　日中足の比較

	3分・5分足	15分・30分足
トレンドキャッチ	やや早すぎる	優れている
15分・30分基準だと…	下落、上昇	押し目・戻し
トレンド転換	すでに転換	まだ転換しない
HFTの仕掛け	損切り設定にひっかかる	多くは逃げられる
時間軸の長短	瞬き時間のため損切りリスクが低い	損切りリスクが高い
レンジ圏内のトレード	値幅が狭いため困難	値幅が広いためたやすい

で、5分足の設定では、設定する必要がないことになる。

④ 結論

　結局、移動平均線で他のオシレーターを併用する場合、トレンドフォローの作戦ならば、15分・30分足チャートの利用が利益をとりやすいだろう。

ワザ 3 スローストキャスティクス　極高 vs 極低

トレンドの違いで
スローストキャを読み抜け

● **トレンドの違いでスローストキャスティクスを使う**

　ストキャスティクスという指標がある。売買エントリーのポイント探しに利用できるスグレものだ。ロングポジションが売り出口を探すときやショートポジションが買い戻し出口を見つけるのに便利だ。

　これは、トレンド系のオシレーターの一つで、過去における高値、安値に対して、当日の終値がどのような位置にあるかを数値化したものだ。「％K」「％D」「SLOW％D」という3つの指数から構成されている。

　しかしスローストキャスティクス（以下「スローストキャ」という）は、％DとSLOW％Dを組み合わせたもので、一般的な使い方は極高水準で％DがSLOW％Dを下に抜けるというデッドクロスが売りシグナル、極低水準で％DがSLOW％Dを上に抜けるゴールデンクロスが買いシグナルである。基本的にFXのほとんどの時間軸で通用する技法だ。

　3つの指数を使うより、スローストキャの方が読みやすく、100に近づくと高値圏、0に近づくと安値圏と判断し、逆張りのタイミングの指標の役目を果たす。

　利用する際の課題は、正確な売買ポイントや値動きの方向性を知るためには、どんなふうにスローストキャを読めばいいのか、だ。これが、読者の皆さんがもっともお知りになりたい点に違いない。移動平均線とスローストキャを併用しても、極高と極低のクロスと移動平均の天井・底が必ずしも高さや位置において一致しないからである。

　その読み方の基本は、①右肩上がり、②右肩下がり、③右肩上がりのあと右肩下がり、④ボックス圏の動きの4種に分けることである。こうしたトレンドの違いでスローストキャの読みが異なることを理解すべきなのだ。このトレン

図表 4-3　トレンドの違いで読み方が違う

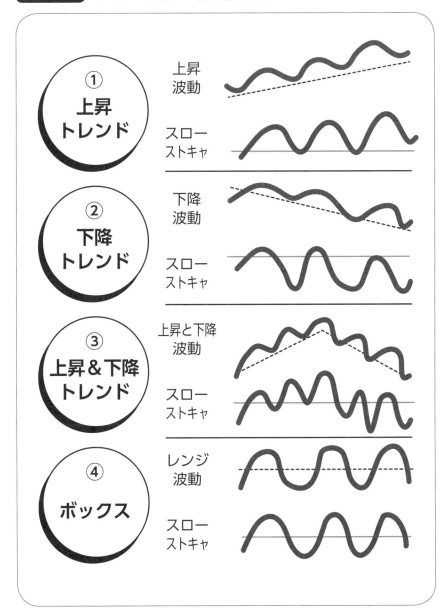

ドの相違の視点でオシレーターを読むという発想の解説が少ないので、判断を誤ってしまうのだ。

●右肩上がり VS 右肩下がり

スローストキャの過熱指標ではトレンドの方向により、逆張り売買ポイントが異なるという技法を少し解説してみたい。

1　右肩上がりの動き

右図Aは、移動平均線チャートにスローストキャを併用。トレンドは右肩上がりだ。トレンド継続中では、スローストキャは、①極低水準まで落ちずに、たとえば50％前後で切り返して戻している、②ローソク足が48本を割ってさらに下降を始めると、ついには極低水準に至る、という傾向を見せる。

以上のことから、常に48本線が上向きか、またローソク足が上向きの48本線を割ってもすぐ戻しているかを確認すると、スローストキャが50％前後まで下げてGCで切り返すと、その位置がグランビル法でいう「買い2」「買い3」の「押し目買い」の好機であることがわかる。当然ながら、右肩上がり時には、カラ売りは避ける。

2　右肩下がりの動き

右図Bのように、下降トレンドでの原則は、基本的には上昇トレンドの技法の逆をいけばよい。下降トレンド中は：①スローストキャが極高水準まで上げずに、たとえばグラフが50％前後で切り下げている、②ローソク足が48本線を越えて、48本線上で上昇を始めると、ついには極高水準へ至ることもある。

以上のことから、スローストキャを読むときは、常に48本線が下向きであるかどうか、またローソク足が下向きの48本線の上に上げてもすぐ下げるかどうかを確認すべきだ。スローストキャが50％前後まで上げて切り下げると、その位置が「売り2」や「売り3」の「戻り売り」の好機だとわかる。つまり、カラ売りの初めのシグナルとしては、スローストキャ数値も中間レベル以上に上がらず、下落を始めた位置であると判断したときが絶好である。

図表 4-4　上昇・下降トレンドとスローストキャの関係

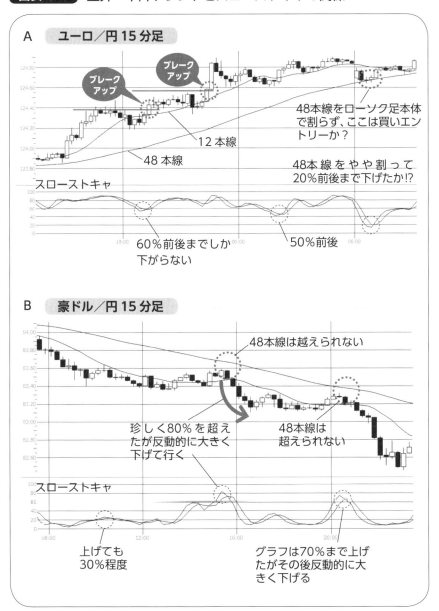

●なだらかな山型 VS ボックス

3　右肩上がりの後、右肩下がり

　3番目の形態は、チャートの真ん中で割って、左と右が上昇と下降に分かれる形でのスローストキャの読み方だ。右図CのFX移動平均線チャートでは、真ん中辺りを低い山の山頂と見立て、その左右がなだらかな稜線を描いている。

　左側は右肩上がり、右側は右肩下がりとなっており、右と左では、スローストキャの指標読みが大きく異なる。上昇トレンドと下降トレンドの区別は、上昇のときは48本線が上向き、下降トレンドのときは下向きである。

4　ボックス圏の動き

　レンジでの価格の動きをスローストキャでとらえてみると、このオシレーターの位置は、見事に天井・底と一致している（図D）。これは、現在のローソク足の動きが上昇トレンドでも下降トレンドでもなく、ボックス圏での動きにあるから、そうなっているのだ、いうのが私の考えだ。

　したがって、もしボックス圏でなく、上昇、下降、上昇＆下降のチャートならば、ローソク足のポイントとオシレーターのポイントがずれるはずだ。ボックス圏の動きで、スローストキャの数値が極低水準もしくは極高水準にあれば、買いもしくはカラ売りの絶好のタイミングとなる。

ワザ3 スローストキャスティクス 極高 vs 極低

図表4-5 山型・レンジトレンドとスローストキャの関係

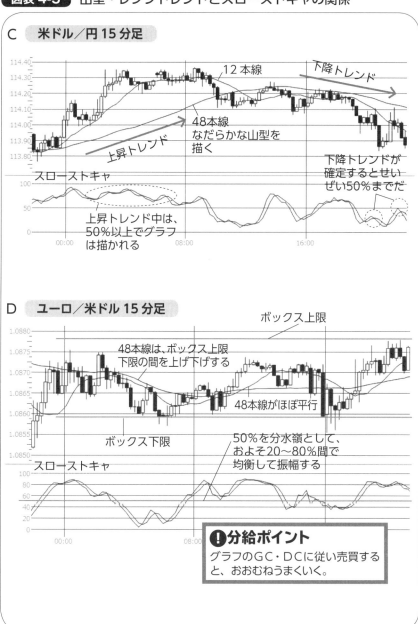

❗分給ポイント
グラフのGC・DCに従い売買すると、おおむねうまくいく。

ワザ 4 グランビル法 VS スローストキャスティクス
そうだったのか、トレンドゾーンへの注目理由

●4種類のトレンドで考える

　前項のワザ3で、トレンドとスローストキャの関係について考えてみた。FXの技法を習得するには、FXを思考することと並行させれば強力なトレードの武器を手に入れられると思ったからだ。このワザ4では、さらに踏み込んで、5分足で、いかにワザ③の原則が有効かを解説してみたい。

　使う基本ツールは、①5分足、②移動平均線、③スローストキャ、④米ドル・円通貨。前もって言っておくこと。実践に即、この戦術を利用したい方は、けっこう難しい内容なので、数回は読み直してほしい。その後、刺激を受

図表 4-6 5分足でどんなふうにワザ③の原則が有効か

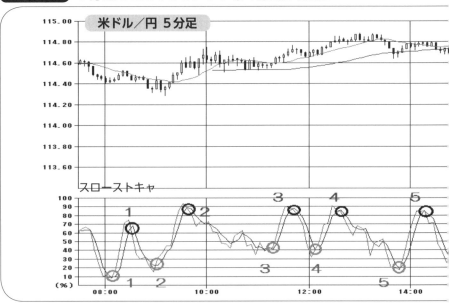

グランビル法 VS スローストキャスティクス ワザ4

けた箇所でバックテストを必ず行うこと。考えるFXを意識して、自分で常に次の自習を考えてほしい。FX脳の進化は、すでに本書では、①意識、②努力、③習慣の3要素が揃ったときだ、と述べておいた（60ページ参照）。

結論から言うと、移動平均線のサーフ法、つまり波動を読み、グランビル法で、しかもブレーク法を使えるように、主に、横線の上値抵抗ラインと下値支持ラインを意識することが大事。問題は、どういう具合に判断の手順をつけていくかで、これがかなり難しく、そこを克服できれば、おそらく、日々是サラリーの状態になると期待できると思う。むろん、チャート読みだけでなく、リスクマネジメントの完成も急がれるが。

さて、まずは下図午前8時〜午後11時半ごろまでの時間帯のチャートを見よう。チャートでは、スローストキャのグラフに、網丸（買い）1〜10と実線丸（カラ売り）1〜14の番号を打ってみた。2種の丸は、極低（30%以下）と極高（70%以上）のゾーンにある売買ポイントを意味する。いくつか例外もあるが。言うまでもなく、この丸を付けたポイントが、すべて成功するわけではなく、またすべて、失敗に終わるわけではない。だいたい、60〜70％ぐらいの成功率だろう。

4 デイトレ編　リスクの低い隙間トレードを攻略する

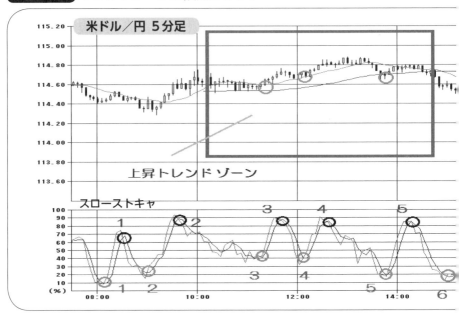

図表 4-7 トレンドゾーンの限定ウォッチ

　しかし、残る30～40％の確率で失敗し、この失敗のケースが切実な場合、その日の儲けをチャラにするだけでなく、逃げ遅れると、マイナスを食らうことに。それゆえ、機械的に丸印をつけたポイントでのエントリーは避ける必要がある。そして、ここでもっとも大事なこと。スローストキャの読み方の基本は前項ワザ3で述べたオシレーターのスローストキャを①上昇トレンド、②下降トレンド、③上昇トレンドから下降トレンド、④ボックス圏の4分類で判断することになる。

● **トレンドゾーンの限定ウオッチ**

　前ページに載せたチャートにもっとも特徴的なシグナル読みができる2つのトレンドゾーンを枠で囲ってみた（上図）。そして4点のトレンド仮説を基に移動平均線とスローストキャのグラフを比較した。左枠は上昇ゾーンで、右枠は下降ゾーンだ。対照的な結果がでれば、仮説は正しい。

　まず左枠の上昇ゾーンでは、上昇トレンドゆえに、カラ売りのポイントが的中するのは、かなり厳しいことがわかる。したがって、上昇トレンドでは、ス

グランビル法 VS スローストキャスティクス ワザ4

ローストキャが下げたところで、GCしたポイントで買いエントリーすることになり、実際に勝敗を見ると、網丸3、4、5が皆勝ちだ。

一方、右枠の下降トレンドゾーンはどうか。

下降トレンドで注目するのは、スローストキャが極高にあるポイント。下降トレンドだから、基本下落の状況の中、戻した足を叩いて落とすことが繰り返されるので、なんとか極高を売っていくことになる。番号でいうと、黒丸の7、8、9、10、11、12。このうち8、9、10、12が勝ちだ。11がダイバージェンスで、10と11もカラ売りポイントにいれたら、さらに勝てる。

ここは単独のシグナルで検証しているので、複数の別種のシグナルを併用すれば、判断がさらに正確になるだろう。たとえば、48本線と足がぶつかる位置は「買い2か3」「売り2か3」のグランビル法判断ができるので、4時間線の傾きの判断ができる。

この判断は、黒丸12、網丸5に適用できる。またもなくブレーク法を意識し始める時期が、上昇トレンドでは、網丸3、4、下降トレンドでは、黒丸

図表 4-8 移動平均線＋スローストキャ＋ブレーク法の比較法

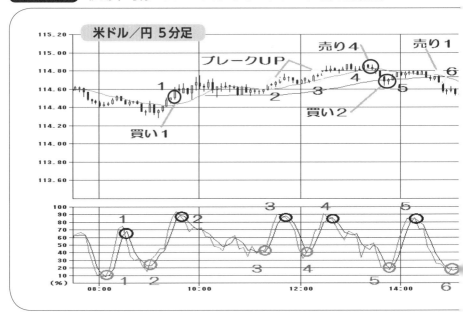

9、10、先ほどの10と11の間のスローストキャのDCなどだ。ボックス圏内では、スローストキャの上下は、さほどわかりやすくなく、またボックス圏内での足の動きは、ドル円では、20銭か30銭の値幅程度で、後は、ボックス上限越えの上放れ、下限割れの下放れで、利用できる程度だろうと思う。

● **ブレーク法などと併用**

さて、そろそろ要約したい。

① **移動平均線とスローストキャの機械的比較**：この機械的比較を行った場合、さほど成果はなく、疲れるばかりであった。ペケ。

② **限定ゾーンにフォーカス**：機械的比較ではなく、限定ゾーンを作り、「上昇トレンド」と「下降トレンド」に分け、このゾーンをウオッチすると、上昇場面（48本線上向き）では、極低で買い、下降場面（48本線下向き）では、極高でカラ売りをすれば、極めて高い勝率となることがわかる。ただし、チャンスが少なくなるので、上昇から下降に転じる時、および、ボックス圏からの放れをどう利用できるか、が次に解決すべき課題となろう。

グランビル法 vs スローストキャスティクス ワザ4

左記①の比較テストは徒労に終わり、原点に戻りトレンド視点で限定的なゾーンを利用することで、高勝率手法を得たわけだが、さらに、勝率を確かなものにする手立てを使いたい。

左記②の要点の後半部分の限定ゾーン以外のゾーンと、さらに極低と極高の間の、ストキャの30％〜70％の中位のゾーンでの処理をどんなふうにうまくやるか、という難題をクリアするやり方だ。

どういうことか。まずチャートの下の3分の1のスペースに、通常のようにスローストキャのグラフを配置する。次にこれも通常のように、移動平均線の5足を残る3分の2のスペースに配置する。

この比較なのだが、移動平均線とスローストキャの比較チャート（上図）では、グランビル法の売買ポイントに黒丸、ブレーク法で売買ポイントになる位置には薄網丸をつけておいた。この各丸を順にスローストキャのGCとDCを見比べて行ってみよう。必ず理解が深まるはず。

ワザ5 ±2σ VS RSI
ボリンジャーバンドとRSIの組み合わせの威力

●伝説のトレーダーの手法

　米ドル円のペア通貨のボリンジャーバンドとオシレーターの3分足を使って、併用法の学習を始めよう。分足の動きのスピードや、動きの軌跡、また動きの癖などは株の3分足とかなり異なるので、注意したい。

　まず見てほしいのは、下図だ。チャートの上部は、ボリンジャーバンド、そのセンターラインは移動平均線の48本と同線。バンドは、言うまでもなく、

図表4-9 ボリンジャーバンドとRSIの併用

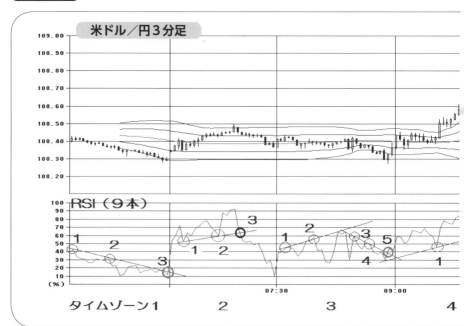

ワザ5 ±2σ VS RSI

±1σと±2σのそれぞれ2本のラインである。

チャートの下部は、RSI（9本）で、最下部に、タイムゾーンとして1～7ナンバーをふり時間区分しておいた。この区分は、説明のさいに、「ゾーン1の丸1」という表現を使えるので、便利だからだ。

各ゾーンのRSIのグラフに、私はラインを引き、算用数字で指定した位置に丸（実線と網線）をつけ、そこが売買ポイントであることを示した。実線丸が「カラ売り」、網線丸が「買い」のポイントで、実際のエントリーは、一呼吸置いてのものとなるが、説明のために、その二種の丸の位置とポイントを示しておいた。

このラインの引き方は、実は、ある人物の技法を発展させたもので、この人物は10年近く前に、数十万円の資金を1年で数億円にまで殖やし、そして、数十万円まで戻してしまったという伝説のトレーダーだそうだ。嘘かマコトか、そういうふうな伝説があるそうだ。

4 デイトレ編 リスクの低い隙間トレードを攻略する

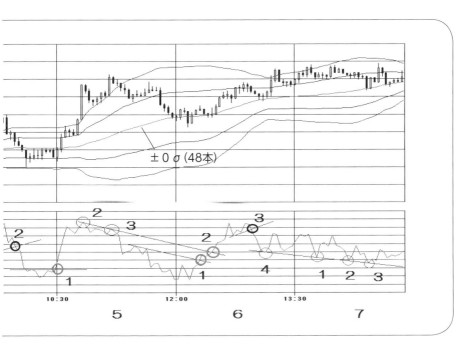

●図からわかること

前ページの図からいくつか重要なことが読める。

① ボリンジャーバンドのセンターライン（48本線）は、概ね原則にしたがい「レジスタンス」と「サポート」の役目を果たす。ここを超えると上昇トレンド、ここを割ると下降トレンドとなる傾向がある。

② RSIのグラフに上値と下値の各斜めラインを引くと、下値ラインがインナーラインとしてブレークダウンするポイントは売りエントリー。逆に下値ラインがインナーラインとしてブレークアップするポイントは、買いエントリーの位置となる。

③ こうしたブレークによってタイミングをつかめる売買ポイントは、タイムゾーン7つでそれぞれ1つか2つ程度しかなく、「待つ時間」がけっこうあるので、他のオシレーターか別のチャートとの併用を行い、もう少し多く売買ポイントを見つける必要がありそうだ。たとえば、スローストキャだと、倍ぐらいの数のポイントをキャッチできる。

要するに、RSIの技法は、グラフに直接ラインを引き、ブレーク法を使って、足の動きの予想をするのだ。予想をすることは、転換点を見つけること、サポートラインやレジスタンスラインを見つけることを意味するわけだ。

●さらに図を観察すると……

前頁の図を再び睨むと、さらに次のようなことが分かってくるだろう。

① RSIは、3回目のタッチでブレークが多い。
② タイムゾーン分けした1時間半～2時間位のスパンで売買ポイントが出る。
③ 斜めブレークアップ（ダウン）に適用されることが多い。
④ 横ブレークアップ（ダウン）はポイントとしてとらえにくい。
⑤ RSIが極高、極低ゾーンからの反転には高確率である。
⑥ タイムゾーン3のように、もみ合っているときは、よくわからない。
⑦ ゾーン5、6、7から思うことだが、上昇トレンド中にグランビル法の「買い2」のようなポイントを拾えるのではないか。

±2σ VS RSI ワザ⑤

⑧ もみ合い相場のゾーン（1、2、3）から、上昇トレンドに転換するポイントはイマイチとらえにくい。
⑨ 細かい動きをする時（タイムゾーン1、2、3）より、トレンドに乗ったとき（ゾーン5、6、7）の方が、波動をとらえるポイントとして、有効利用できるのではないか。
　もう一枚の同じスタイルのチャートを観察して考えてみたい。

●移動平均線の読み方を追加

　次ページの図は前ページの一部と重複しているので注意。タイムゾーンの算用数字、実線丸と網線丸の算用数字、そして、3分足のボリンジャーバンドとRSI（9本）の組み合わせは同じものだ。

　今回は、ボリンジャーバンドのチャートの中に、左側から網線丸1、網線丸1、それに実線丸1のポイントを示してみた。これは、下部のRSIのグラフに打った実線丸や網線丸とは異なり、ボリンジャーと48本線の移動平均線を読んで、売りと買いのポイントを示したものである。

　図表4-9では、サーフ法などの他の戦略を入れず、RSIの戦略のみで、売買

福沢サンGETワザ ④ 急騰・急落後のもみ合い

　急騰・急落のローソク足の形にもよるが、大きく動いた後、ローソク足が狭いボックス圏で、小陰線や、十字線などでもみ合ったり、高止まり・下げ止まりしたら、そこが追撃買いあるいは逆に追撃売りだと判断してよい場合が多い。
　FXトレードでは、活況な時間帯で、売り買いの攻防の際、ストリーミングで流れる値動きの数字を見ているだけで、上か下かの流れの強ささえ、トレーディング経験を積むと少しずつわかってくる。そして、チャートを確認すると、この急騰・急落の小動きのもみ合いだったりする。
　同じ理解として、3分や5分という時間軸が短い分足だとシグナルとしてはあまり強くないが、少し長い時間軸の15分足や30分足で「十字線」が出現したら、意識的にそろそろ「目先トレンド転換か」と判断することも無駄ではない。
　ちょっとした相場感が、意外なヒントとなって、身を助けてくれる。

4 デイトレ編 リスクの低い隙間トレードを攻略する

ポイントを示したのだが、むろん、実践では、他の戦略も一緒に利用するのがいいに決まっているから、そんなふうな示し方になったわけだ。

さて、下図を見ながらいくつか指摘しておこう。

① ゾーンは30分ほどのゾーン7をのぞいて、だいたい1つのゾーンに売買ポイントは最低2つはある。
② すでに指摘したように、斜めトレンド線が売買ポイントを探す役目を果たしてくれて、ここではラインの引き方のコツとかは、あえて説明しないが、だいたいおわかりだろう。
③ 上昇トレンドと下降トレンドが決まっていると、上昇の場合、やはり押し目を拾い、下降の場合、戻りを叩くという戦略がここでも通用するので、下値支持ラインと上値抵抗ラインで、尖りを跳ね返された位置が売買ポイントとなるようだ。
④ 下図では、非常にきれいに描かれた「バンドウオーク」ができあがり、時

図表4-10

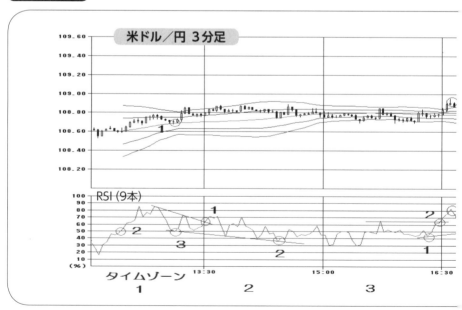

±2σ VS RSI

間的には、タイムゾーン4、5に出現している。この現象は、バンドに沿って足が動いていくウオーク（歩行）である（ワザ7を参照）。

⑤ 勝率の高いと思われる戦術は、－2σの位置から、足が戻して＋2σへ至る、ゾーン5の実線丸2とゾーン6の実線丸2のポイントを斜めラインで引いて、交差する網線丸3の買いポイントだ。この戦術は、図表4-9のチャートでもいくつか指摘できる。絶対に見逃したくない必殺ポイントと言える。

⑥ ゾーン6で、ゼロラインを大きな陰線が割った実線丸1だが、原則通りに、この位置は売りの絶好のポイントであることを示している。原則はやはりかなりよい勝率を与えてくれるようだ。

⑦ ゾーン7は、強くアピールする売買ポイントが、残念ながら、見つからない。値幅が狭い、バンドが狭いゾーン、つまりちゃぶつくゾーンなのでトレンドはさほど明確ではなく、トレードは控えるべきだと思う。

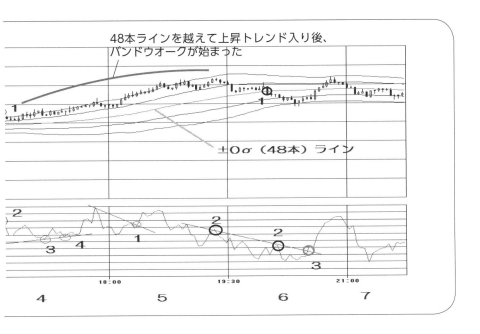

ワザ 6 ボリンジャーバンドの拡大 VS 収束

稼げるボリンジャーバンドの読み方5

　ボリンジャーバンド（BB）は、ジョン・ボリンジャーが考案したトレンド系のツールだ。もう一度説明しておくと、標準偏差値と正規分布の概念を取り入れ、多数のデータが正規分布する場合、データの約95％が平均±2σに含まれる。逆に言えば±2σ～±3σの外のデータは5％以下しかなく、極めて少数派といえる。BBというツールはこうした考えを視覚的なバンドで表現したものだ。BBの使い方としては、バンドの区分、拡大と収束、運動性などから次のような儲けの技法がある。

① **基準は±0σのゼロライン**：分足ベースだと48本線がよいと思う。トレンドを測りやすい48本線と一致する方がよいからである。注目するのは、このラインが上向きか下向きか、足がこのラインを超えたか・割ったか、だ。バンドと移動平均線を併用読みできるから、グランビル法を使うこともできる。

② **バンド運動**：膨らみ・収束し、くびれるというバンド運動が起きる。為替価格が急騰急落を開始し、くびれ状態から上か下に勢いよく放れると、バンドは大きく膨らむ。やがてバンドの膨張は減速し、収束を始める。従って、±3σのラインの外という、確率的に極めて稀な位置（約2％）にある足は、次第にバンド内に引き戻されてくる。そしてやがてしぼみ、狭いレンジの動きとなる（ボックス圏形成）。

③ **ちゃぶつき圏に注意**：くびれは、値幅の狭いボックス圏で、鈍い動きを示す。この圏内の売買はしない。急落急騰の調整期で圏内の狭い値幅取りは儲からないからだ。適度な時間を経て、上げ・下げ体力を蓄えた足が元気な動きを始め、再びバンドを膨らませる。このボックス放れを待って、利益を取るのだ。

ボリンジャーバンドの拡大 VS 収束

ワザ 6

④ **単独で使わない**：BBに48本線を埋めてあるからブレーク法やグランビル法を併用できる。このふたつの補助技法を使って、売買点を把握できるわけだ。BBはバンドが±2〜3σを越えた辺りで、売り・買い戻しを判断できる有効な手立てだ。

⑤ **バンドウオーク**：±2〜±3σなど高い・低いバンドラインに沿って上げていく・下げていく値動きがあるが、これがバンドウオークと呼ばれる「価格の増益歩行」。

図表 4-11　ボリンジャーバンドの読み方

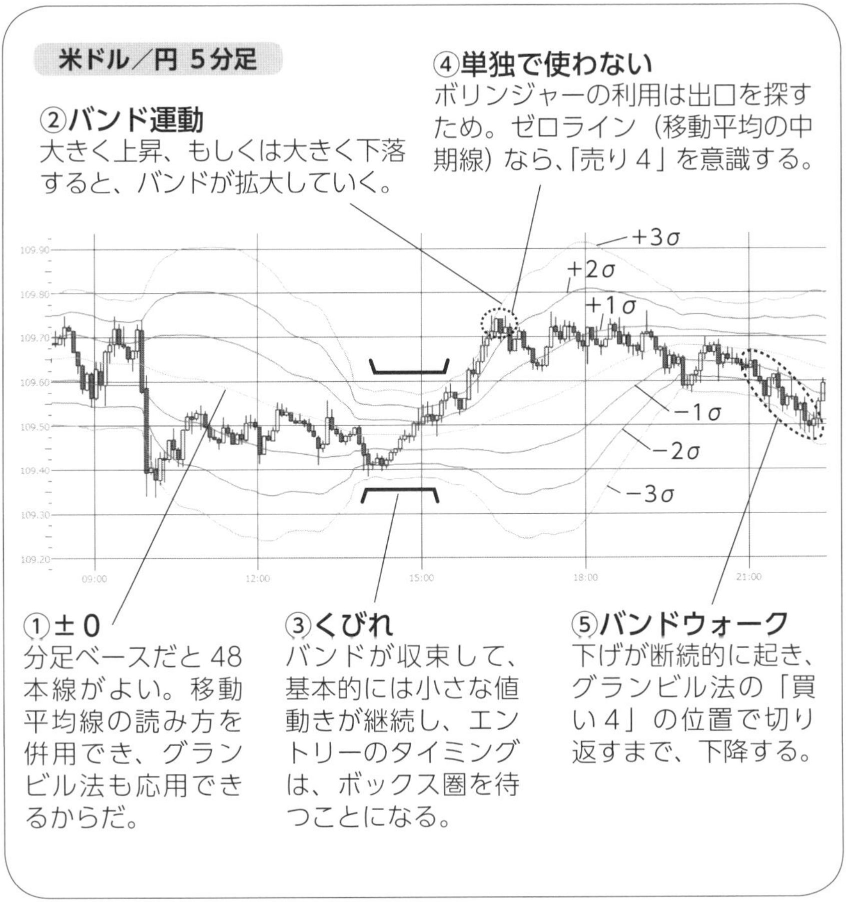

米ドル／円 5分足

②バンド運動
大きく上昇、もしくは大きく下落すると、バンドが拡大していく。

④単独で使わない
ボリンジャーの利用は出口を探すため。ゼロライン（移動平均の中期線）なら、「売り4」を意識する。

①±0
分足ベースだと48本線がよい。移動平均線の読み方を併用でき、グランビル法も応用できるからだ。

③くびれ
バンドが収束して、基本的には小さな値動きが継続し、エントリーのタイミングは、ボックス圏を待つことになる。

⑤バンドウォーク
下げが断続的に起き、グランビル法の「買い4」の位置で切り返すまで、下降する。

4　デイトレ編　リスクの低い隙間トレードを攻略する

ワザ7 バンドウオークあり vs バンドウオークなし
ウオークが起きる理由がわかれば儲かる

　ワザ6で、バンドウオークについて簡単に説明したが、これは、±2σなどのバンドに沿って上げていき、下げていく運動を表現したものだ。どこまでバンドに沿っていくかによって「利益が増大」していくから、トレーダーの辛抱次第となる。

　このウオークが起きる理由がわかると、バンド狙いも容易になる。ウオークは一体何に関連して生起するのか、考えてみよう。

① **トレンド**：バンドウオークは上昇・下降トレンドと大いに関連があるが、これは、ボリンジャーバンドと移動平均線を二重写しにして、一度に両チャートを読めるようにしてみると、わかる。さらにストキャをつけてみると、+1σと+2σの間をゆっくりとローソク足が上げているとき、ストキャで、チャートの妖怪と私が呼ぶ「ダイバージェンス」（逆行現象）が起きている。極高・極低では、少しの反対の動きでも、グラフを低下・高上させるので、こういう逆行現象が起きるのだ。

② **モメンタム**：バンドウオークの初期段階では、モメンタムが一定であり、上昇トレンドに乗った場合、着実に少しずつ上げていく。この着実さがバンドに沿っていくことでわかり、まさに辛抱強くこの歩行についていくことが求められる。下降トレンドに乗った場合も同様で、たとえば移動平均線48本が下向きで、だらだらと価格の下落が起きるときは、バンドウオークが発生しており、トレンドフォローを続けるだけで利益が膨らむわけだ。

③ **形状**：バンドが大きく拡張するときや収束していくときに、バンドウオークは発生しにくく、拡大が止まったり、収束を終えて落ち着いた状況で上昇もしくは下降がだらだら始まり出すときに起きやすい。あくまでトレンドフォロ

ワザ 7 バンドウオークあり VS バンドウオークなし

図表 4-12 バンドウオークは儲かる

一状態が続くことが前提で、ボックスをつくる動きや、乱高下を行う動きでは、生じないことにも注目しよう。

④ **波動**：波動がブレークによってつくられると、山に向けて山腹形成が始まる。いったん山腹形成が開始すれば、通常の上昇開始と一致するので、極高・極低のレベルから、スローストキャを見ながら、ダイバージェンスが始まり、最大利益を生む±2σレベルでのバンド拡大によるバンドウオークが予測可能になる。

以上のように、バンドウオーク発生を予測できることは、利益を膨らませたいトレーダーにとっては、価値あるテクニックだ。±2σのバンドで売り買いのポジションを持つトレーダーがウオークを予測し、最大限のウオークを果たし、適時に出口を見つけられたら、たとえば、さらに我慢して±3σぐらいまで、引っ張ることができれば、最大限の利益に結びつけられる。

ワザ8 アウターライン VS インナーライン

ラインの引き方で売買ポイントがわかる

●正しいラインの引き方

デイトレは技術100％というテクニカルにウエイトを置くシノギだから、ライン引きはぜひ覚えておきたい技法だ。以下は、私の経験則（アノマリー）の要点まとめなので、参考にしてほしい。

1　**基本ライン**　上昇・下降トレンド、ボックスでも上値抵抗ラインと下値支持ラインがある。ラインはローソク足の実体同士を結ぶ（右図参照）。
2　**正解率**　ライン技法による正解率はおよそ75％か。
3　**ポイント把握数**　時間軸が短いと売買ポイント把握数は1時間に数回ある。
4　**ラインの寿命**　後々まで生きるライン、すぐ不要になるライン、途中で生きるラインの3種ある。
5　**イメージ予想可能**　過去のチャートを見て先をイメージすれば、急激な価格変動にたじろがないはずだ。
6　**インナーライン**　チャート内の上値・下値の結点を引く。外はアウターライン。
7　**役割逆転**　インナーラインが波動とぶつかると、下値支持ラインだったラインが上値抵抗ライン、あるいは逆に役割を逆転することがある。
8　**引くライン数**　判断を複雑にしないために、引くラインは、少なめにする。
9　**クロスの的中率**　ラインがクロスする位置は売買ポイントになりやすい。
10　**動く方向にライン引き**　細かくジグザグをつくり上げ下げする動きをラインにするには、動く方向にラインを引くと見た目にもわかりやすい。

アウターライン VS インナーライン

11 **美しいライン** 数点のポイントをきちんと美しく引けたラインは、売買ポイントを浮き彫りにできる機能的なラインといえる。

12 **追撃売りのチャンス** 価格が高い位置へ向かって、ラインを突破したら、上値をとったあとは、急落して、次々とラインを割りこみ、追撃売りのチャンスが到来する。

13 **ラインが引きにくい場合** グランビル法で、売買ポイントを把握するように努める。

14 **引き方ドリル** 自分で白地の分足チャートを印刷し、あれこれ引いて、

図表 4-13　外線と内線の違い

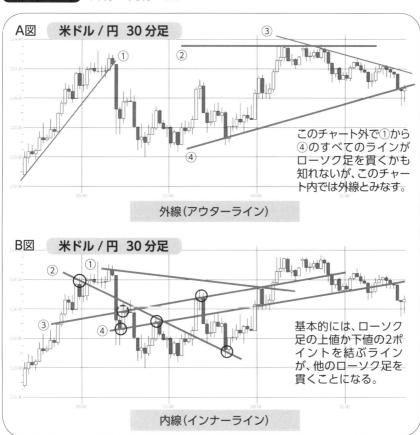

図表 4-14 次の相場まで生きるインナーライン

それがどれほど売買ポイント把握に役立つかを検証してみて、投資脳にチャートをしみこませていく。

● インナーラインの妙技①

　上図のチャートはポンド／円30分足だ。完成チャートとして各種ラインを引いてみた。値動きは5月9日から4日間。9日を使い、まずライン①を引ける。次にブレークアウトしたライン②だ。このラインは右に延ばし、そのうち役目を果たすだろうと憶えておく。

　10日は、ライン③がブレークダウンで引くことができて、ポジションメークできる。次に意識するのはライン②だ。ここで下落が止まれば、買い戻しを意識する。

　買い戻したら、小さな山が二つ、この波動で意識するのが、ライン③だろう。ここではブレークダウン時には下値抵抗だったが、今度は上値抵抗帯とな

アウターライン VS インナーライン　ワザ⑧

インナーラインは、左から順に結点と結点を結びながら引いてみた。

4 デイトレ編　リスクの低い隙間トレードを攻略する

っている点に注目したい。その後、これを上に抜ければ、買いポジションメークだ。ライン④が下値支持帯の役目を果たして戻ってきた足は、予想通りライン③をブレークアップして、新相場圏へ向かう。

　次に何を意識すればよいか。前日9日に引いたライン①だ。やはり憶えておいてよかった。うまい具合に上昇足が接触。ここで跳ね返されたら、陰線が出るに違いない。ポンド148円のキリ番辺りなので、キリ番の抵抗が考えられる。株だと、1000円辺りの株価は大台原則で、要注意なのだ。それと同じ発想で、実際148円を意識した動きで大陰線が立った。どうやら上値になりそうなポイントだから、記憶しておきたい。

　この急落は、ライン③を割っても止まらず、先ほどの上値抵抗帯でちょっと買い戻しがあり、下ヒゲつきの足が現われたが、この抵抗も突破して、後はライン④の抵抗で止まるかどうか。ラインとぶつかった直後、反転している。ライン④が強い抵抗帯だと思えば、一山越しての二番底と読んで、買いだろう。

図表4-15 不思議なインナーライン

　5月11日は明けてライン③を突破して、陽線を立てるが、2本目の足で仕掛けが入り、判断が狂うかも知れない、実践では難しい局面だ。通常は、30分より短い時間軸の3分足や5分足などを併用しているから、その見方がからむ。

　しかし原則通り、インナーラインは後々まで有効な役割ができる。ライン③のインナーラインは、下値支持線の役目も果たす。ただ前日の高値を抜けなかったために上値が切り下がり、ライン③はブレークダウンし、ここは文句なくカラ売りエントリーとなる。ライン④さえブレークダウンして、この時点では、抵抗ラインは引かれていないから、勢いは止まらない。ついにライン⑤の下値点で切り返した。さらにこのライン⑤に沿って二番底を形成後に切り返して上げて行った。

　ライン⑥が新たに引けた。その後、ライン⑧が引けたり、ライン⑦の始め上値線が途中下値線となり最後は上値線の役割を果たしたりして、わずか4日の

アウターライン VS インナーライン ワザ8

4 デイトレ編 リスクの低い隙間トレードを攻略する

チャートであったが、ラインのダイナミズムは楽しめたはずだ。

●インナーラインの妙技②

　上図はポンド／円のチャートと同じ時期のユーロ／円30分足のチャート図だ。5月9日に引けたのは、ライン①、②、③、④だ。まずライン①は後付けラインで、値動きを追うトレーダーはライン②を引ける。これが山の高値でその後下落、再度上げてこの②をブレークアップできれば、買いエントリーである。

　ライン④はその日2度目のブレークアップで引けた。ライン①は結点が2できた時点で引け、ライン⑤は、当日引くのは無理で、翌日10日5本目のローソク足を見て引けた。ライン⑤は、結果的には高値ラインとなり、4日間機能した。

　さて、まずライン①だが、典型的な斜めトレンドラインで、ライン④が下値抵抗ラインの役目を果たしていたのを叩く形で、ブレークした。この下落がど

こで止まるかそのメドは、前日のブレークアップしたライン②辺りか。実際はさらに下落の幅を広げたが、この②辺りでもみ合っていたので、大きく外れてはいない。
　値を戻して山をつくったかと思いきや、急反転して二番底を探す動き、そしてよくある再度の急な戻しである。すでにライン⑦と⑧は引くことができる。なおライン⑩はこの時点では引くことはできない。
　ライン⑦と⑧を引けたら、次の一手も見えてくる。ライン⑥も引けたことに気づくべきだろう。ライン⑥と⑦の交差点は、複数ラインの交差点だから、原則としては、かなりここでの抵抗は強いと見る。したがって⑧のラインをブレークダウンすることはアリと考える。123円85銭辺りでブレークダウンのことだ。
　その後、下値のメドは、ライン③が抵触する123円60銭辺りだ。下ヒゲが長い陽線が切り返しポイントだとわかるはず。この位置から価格を戻していくわけで、当然ライン②の抵抗が待ち構えている。予想通りもみ合いの小競り合いが続いて、このラインをなんとかブレークアップできたら、途中にヒゲとして痕跡を残した棒上げに出会えるが、さてここで売れたかどうか。
　ライン⑩は引けたかどうか。ヒゲがライン⑤を抜いて力尽きたようで、4本の陰線が連続出現。ライン⑪を割って、モメンタムがハンパないと感じたらカラ売りのポジションメークをする。ライン②を割り、その後の中途半端な戻しも崩されてライン②で止められる。
　2～3日前のもう忘れていたライン②が活きて働いてくれたわけで、感動的であるとさえ言える。大きく下げれば、大きく戻す、の定石のように戻した位置がやはりライン③とくれば、インナーラインの機能はまったく不思議である。ライン⑫をブレークして、これまたライン②の役目の抵抗帯として機能したようだ。
　おまけ。ライン②の重要性に気づいてほしい。このラインがいかに大事か。チャートの波動のほぼ真ん中を貫いていること。上と下のほぼ同じ値幅で分割しているようだ。10日と11日は上部のボックス、12日は下部のボックスであることは、偶然の所産ではないと思う。

第5章 スイング編

見えるか、見えないか、それが問題だ。

波動をつかみ大きく儲ける

戦術 1 再びデイトレード VS スイングトレード

デイトレやめてスイングにするか？

　本書が試みている「分給」稼ぎの観点からは、絶対にデイトレが有利だ。なにしろ、最適化された技法のみを使い、モメンタムと波動発生のタイミングを読んで、スキャルピングを実行するからだ。

　しかし、すでにナビしたように、相場の歪みを生じさせ、一般のFXトレーダーの戦意を喪失させるような、仕掛けが入ることが多く、油断も隙もない状況が厳然とある。

　いうまでもなくあまり損切り設定に余裕をもたせられないのがデイトレードだから、スイングトレードならひっかからない幅の損切り設定を日常的に行うことができない。薄利を稼いでドカンと大損を食らうことになるからだ。

　実体験から、スイングトレードの利点を思い起こしてみると：

① スイング派にとってトレンドフォローは絶対的な条件であるから、トレンドラインを注視（たとえば移動平均線の方向、グランビル法、オシレーターなどの分析）していれば、フォローはさほど難しくない。
② 多くの通貨ペアの日足チャート検証で、もっとも読みやすい波動や読みやすいペアを見つけてフォローすることは可能だ。
③ デイトレだと、長い時間、場に張りつく必要があるが、スイングだとその必要はなく、本業との兼ね合いを持たせることができる。

　というわけで、ここで、デイトレとスイングのチャートを並べてどちらが扱いやすそうか、見てみよう。

　右図Aは、ユーロ／円1時間足の移動平均線だ。期間は4月19日から5月17日まで。一方、図Bは、同じくユーロ／円日足の移動平均線で、枠内が、

再びデイトレード VS スイングトレード

1時間線の同時期に限定して表示してある。

日足チャートの枠内は、5日線にホールドされた見事な上昇トレンドだから、トレンドフォローするだけで、利益が膨らんでいく好機だ。同時期の1時間線チャートを見ると、これまた見事な上昇トレンドを描いており、細かいデイトレを不要だとさえ思える、楽勝の軌跡と言えよう。毎日デイトレをするのが馬鹿らしく思うなら、日足に軍配を上げたくなるだろう。

図表 5-1 デイトレからスイングに移行

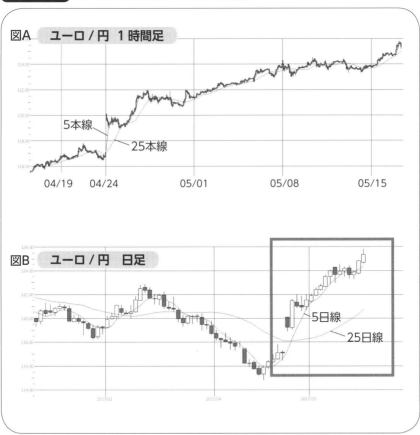

戦術2 パラメータ 短 VS 長

パラメータ変更で バックテストをやろう

　移動平均線やボリンジャーバンドなどのチャートツールでは、期間の変数、つまりパラメータの数値を変えることができる。たとえば移動平均線の通常設定が5日、25日、75日だとすると、これを10日、20日、30日に変えることができるわけだ。ボリンジャーバンドも同じで、センターライン、つまり移動平均線を私は本書で日中足（3分足や5分足）の設定では48本にしてあるが、これを日足の本数25本と設定することもできる。

　問題は、この設定の違いがどういう形を示し、その読み方に影響を与えるのか。実際にそれぞれのパラメータがツールチャートを読む際にどんな違いを生むのか、を知ることが、波動読みやポイント掴みにどんな成果を得られるかだと思う。

　右図はスイングに有力なツールである移動平均線だ。パラメータは5日線、25日線、75日線のチャートと5日線、15日線、30日線のチャートを比較してみた。

① 図Aでは、ローソク足の位置と3本の移動平均線が間延びして、足と3本線の位置に判断のとっかかりが見えにくい状態になっていることがわかる。これでは3本線の関係から明白なシグナルを見つけづらい。

② 一方、図Bでは、3本線がきれいに並んでおり、そろって上向き出すと、上昇トレンドに入ったと判断できる。逆に3本線がそろって下を向き出したら、下降トレンドに入ったと判断できる。この意味で、シャープな3本線は、非常に視覚的にもみやすいようだ。

③ また両図で25日線と15日線の中期移動平均線を比較して、この線を割るか・超えるかが、トレンドのスタートと読めるかどうかでは、15日線が25

パラメータ 短 vs 長

日線より優れているシグナルになることがわかる。

常々、私は株トレードの場合、このシグナルの優位性を主張していたが、これに限らず、特にFXは通貨ペアによって動きが違うので、パラメータを変えることで、その都度、最適化してほしい。

図表 5-2　パラメータ変更で何がわかるか

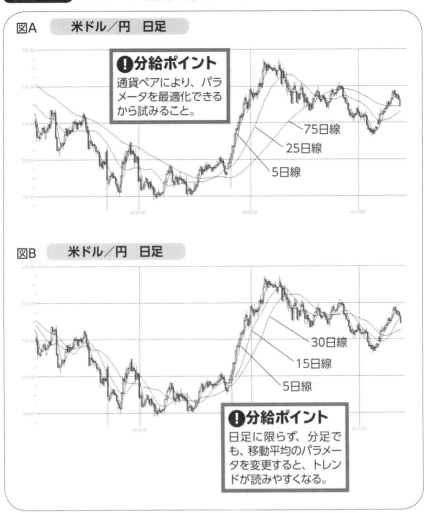

戦術 3 モメンタム前 VS モメンタム後

勢いを待つより
勢い後に動くのが戦術

　トレンドフォローが儲けの鉄則ならば、トレンドがモメンタムによって生じることを強く認識すべきだろう。このことを口を酸っぱくして言いたい。スイングトレードは2日から2週間で決め打ちするのがコツだとすれば、このコツの正体とはできるだけ値幅をとって、早く勝負をつけることだ。そのためには値幅をとるワザ、波動を読むワザ、そしてモメンタムの初動を察知するワザが大事なことは明白だ。

　では、どういうワザがあるのか。いくつか紹介しておきたい。

　まずモメンタムが持続する材料が出た後、後追いすることだ。たいていは「織り込み済み」でたちまちその材料が色あせると思う人がいるが、材料次第だ。ここで材料読みの力を問われる。その読み方はというと、ニュースを読み、材料が出た後、ロイターなどの為替記事や分析記事を読んで、実際にどれくらいの幅で影響を受けたか、その受けた期間を測定する。そうすると、「儲かる材料」「儲からない材料」がわかってくる。持続する材料とわかれば、それをフォローして、満足できる波動を追える。また波動でブレークアップ、ブレークダウンに遭遇すると、2週以上のポジション持続も可能になる。

　もう一つ美味しい戦術は、あえて通常の波動に乗るのはなく、逆に波動が崩れるテクニカルの歪みを狙うのだ。これには、右図のように2つのやり方がある。

① 上げ下げのリズムが乱れたら、その乱れを利用

　上げも下げもリズムで上げ、リズムで下げていく。チャートをバカほど読んでくると、そのリズムの音が聞こえるようになる。このリズムが乱れてくると、そろそろ天井か底かでトレンドの変転がわかってくる。これが相場観だろう。

モメンタム前 VS モメンタム後

② 単純にトレンドラインを割ったとき

　トレンドラインを割ったときが売り時。トレンドラインを越えたときが買い時だから、ブレークアウト後新しい相場が始まり、まさにモメンタムの始動となるだろう。攻撃をかけるときのタイミングを図ろう。

図表 5-3 波動が崩れた歪みを狙う

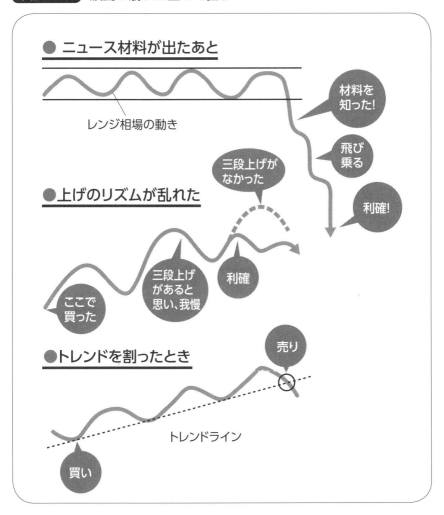

戦術 4 スイング30分足起点 VS 日足起点

30分足と日足を使い、スイングの起点を確認

　スイングの起点を見つける場合、たいてい、日足でやろうとする。それでも可能だが、やはり確度を高めるために、日中足を使うと便利だ。

　ここで起点というのは、スイング・トレーダーが値幅を取るときに使う波動の起点ということで、大きく値ざやをとるための起点だ。

　右図を見てほしい。NZドル／スイスフランの日足と30分足の移動平均線チャートだ。日本時間午前6時（市場開始時）にNZドルがギャップを空けて25日線を割り、下落した。通常は、このギャップと25日線割れの条件でショートポジションをとる。

　しかし、スイングを意識するなら、波動の起点かどうかを判断したい。ギャップ後、急に切り返す可能性なしではないからだ。起点の判断根拠として、日中足では、比較的トレンド測定に確度の高い30分足を選んでみた。移動平均線のパラメータは、12本と48本。48本が下降を続けているかが、トレンドの方向の判断の重要なポイントとなる。

　ギャップ後、しばらく30分チャートをウオッチしても、急反発のシグナルも出ず、できるだけ48本線に近づいたところで、ショートポジションを打診的にとってみることは、このケースでは正解だ。

　ここでの起点探しでは、日足4連騰の後でのギャップが発生しており、一つの波動の開始だと考えてもよいだろう。となると、30分足の48本線の傾きに注意しながら、ショートポジションメイキングを行うことになる。移動平均線のチャートにオシレーターのスローストキャスティクスをつけたが、これを見ながら極低ゾーンまでついていけばよい。やがてとりあえずの出口は見えるはずだ。

　ギャップ即、起点、あるいは移動平均線割れ・超え即、起点、山頂上から大

戦術4 スイング30分足起点 VS 日足起点

陰線出現即、起点……というふうに考えてもよい場合がしばしばあることはあるが、さらに慎重に、起点確認のために、日中足（今回は30分足を使った）を併用してみるのがよいと思う。

図表 5-4　スイングの起点は日中足か日足か

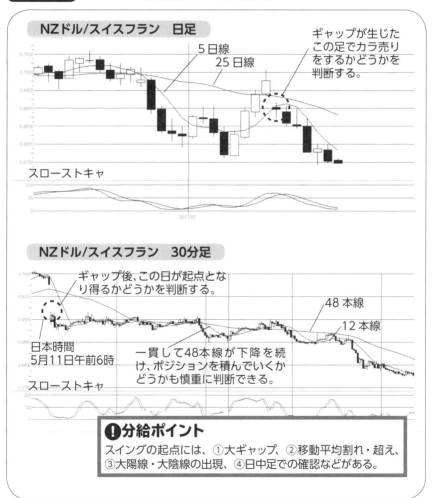

❶分給ポイント
スイングの起点には、①大ギャップ、②移動平均割れ・超え、③大陽線・大陰線の出現、④日中足での確認などがある。

戦術 5　ツッコミ VS リバウンド

急落・急騰を利用した儲けワザ4

　株の値動きとFXの値動きを比べると、FXの方が急落・急騰が多い。これはFX市場に投入される通貨額が莫大であることによる。急落・急騰が多いということは、リバウンドのモメンタムもハンパないほど強く、たとえば日中足では、天井通過を確認し、グランビル法の「売り1」で仕掛け後急落、買い4の位置でドテン（買い戻すと同時にロングポジション設定）すると、あっという間に天井を越えて、急騰するという動きを見せることは珍しくない。

　このような個別株ではなかなか見られないモメンタムのすごさが、FXで喧伝される長所であるから、これをあえて利用しない手はない。

① **買い4狙い**　言葉を換えれば、これは一種の「ホルダーの恐怖心の先取り」をした、リバウンド狙いの作戦だろう。市場参加者が恐怖で自制心をなくし、それが急落というシグナルで知ることができるなら、さきほど説明した「売り1」から「買い4」の位置に届いたケースでは、オシレーターを併用しつつ、極低ゾーンでのGCで仕掛けるというのは賢明な判断だ。

② **1回目の仕掛け**　また値動きの経験的観測では、急落した価格が底打ちメドで切り返した場合、それが1回目のリバウンドならば、成功率は2回、3回の場合と比べて、格段にうまくいく。こうした「1回目の仕掛け」は、勢いの延長として新鮮であり、のん気なトレーダーと違い、相場をリードする実力あるトレーダーは仕掛けるタイミングや成功率を熟知しているのだろう。見えないものを見ることに長けたトレーダーたちだと言える。

③ **インナーライン利用**　下落のメド立てに使えるのが、インナーラインだ。引かれたインナーラインが急落をほぼ止めた場合、つまりインナーラインが抵抗帯を形成していた場合、ラインを引く前には見えない抵抗帯が見えたわけで、そこで跳ね返したら、即、エントリーすればよい。またもしそのゾーンを

抜けたら追撃売りを仕掛ければよい。

④ **BBと逆指値** 急落・急騰のチャンスを活かすのなら、ボリンジャーバンドを使える。状況としては、センターラインを割る・超えて、±２σに達したとき、仕掛けるように、逆指値して大きな値動きを仕留めるというやり方がある。あるいは同じくボリンジャーバンドを利用するやり方として、「ちゃぶついたレンジ圏」からの上放れ・下放れを狙って下値支持ラインと上値対抗ラインで逆指値の待ち伏せをする手口に実効性がある。こうしたことを積極的に試してみたい。

図表 5-5 急落・急騰利用の儲け方

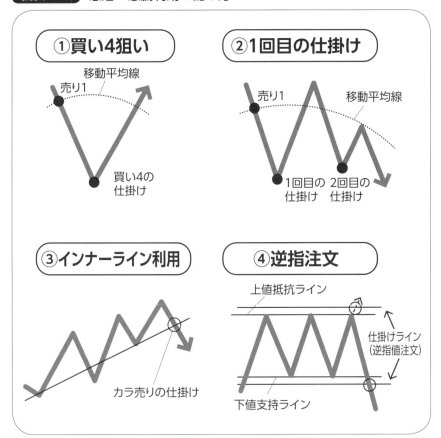

戦術 6 シグナル可視 VS シグナル不可視

見えるか・見えないか、それが問題だ

　シグナルの可視化が戦術6のトピック。初級で見えないチャートのシグナルが、腕を上げていくにつれ見えてくるというお話だ。早速だが、右図のポンド／スイスフラン通貨ペアの日足チャートを眺めてほしい。2016年8月16日から2017年5月18日までの日足の推移が描かれている。

　まずグランビル法の視点から見えるのは、25日線を割る「売り1」、25日線を超える「買い1」で、可視的には、5日線が25日線とDC・GCしていることがわかる。

　次にブレークだ。ブレークにはアップとダウンがあり、新しい相場が上に生じるのがブレークアップで、逆に下に生じるのがブレークダウン。これを可視化するには、横ラインを引けばわかる。直近の上値を突破したらブレークアップ、直近の下値を割ったらブレークダウンだとわかる。

　移動平均線チャートの下部にあるのが、スローストキャスティクス。グラフが上下運動を示すが、初級だとその程度しか見えないはず。しかし、極高と極低のゾーンで売買すると、おおむね的中しそうだが、時々失敗しそうもある。その理由がまだ見えない。とは言え、いろいろな理由があることがわかれば、可視化できる。ワザ3（106ページ）の売買判断によると、トレンドの形態、つまり上昇トレンド、下降トレンド、レンジトレンドなどによって、偏りが生じているのだ。

　上昇トレンドでは、通常の買いゾーンである極低ゾーンまで落ちないで中間の位置でGCしやすい。逆に下降トレンドでは、通常の売りの位置である極高ゾーンまで上げず、中間の位置でDCしやすく、そこでカラ売りするわけだ。

　ではレンジ相場ではどうか。だいたい買いのメドは極低ゾーンで、カラ売りは極高ゾーンで、となる。こんなふうに、技法の理屈や根拠がわかってくる

シグナル可視 VS シグナル不可視

と、かつてチャートで見えなかったシグナルがだんだんと可視化してくるわけだ。

図表 5-6 可視化の判断

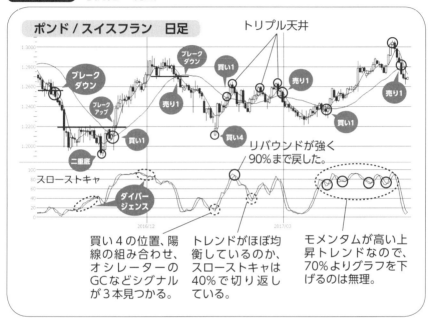

戦術7 ローソク足A vs ローソク足B
プライス・アクション：意味の語りべ

　本書の姉妹戦術書『株価チャート黄金練習帳』で「プライス・アクション」という技法を紹介したところ、技術アップにかなり効用があるとのフィードバックをたくさんいただいたので、打てば響くように、本書でもナビしたい。

　プライス・アクションは、米国の眼科医トレーダーのアル・ブルックス氏が20年以上にわたり、不敗戦歴を重ねつつ考案したとされる技法だ。顕微鏡を覗くように1本のローソク足を分析する細かい手法で、彼の本の帯には「すべての指標を捨て、価格変動と足の動きだけに注視せよ」とやや大げさに書かれているが、高度な分析力を身に付けるためには、分析材料を総合的に判断する一流のツールを使いこなしたいものだ。

　右図は、私がナビする個人指導塾「FXラーニング」で行った演習問題のチャートだ。番号を振ったローソク足で「足とのコミュニケーション」を行ってみた。

●ケーススタディ①　ドル・円ペア

　まず使用するチャートの設定パラメータを明記する。移動平均線は日足で5日と25日。遅行スパンは26日、スローストキャスティクスは14日、3 SLOW%D、RCIは9、27日だ。残るケースも同じパラメータ設定で、期間は2016年9月16日から2017年5月19日まで。

　さて、右図Aを見よう。足には1から9までの番号をつけた。それぞれの足は一癖も二癖もあり、トレーダーに言いたいことがあるようだ。まず足1だが、これは非常に素直な足で、「買い1」でエントリー。すでにRCIは極低から戻り始め、スローストキャも「分水嶺」の50％グラフを越え、無難なところだ。

ローソク足A VS ローソク足B

図表 5-7 米ドル／円日足　移動平均＋一目＋オシレーター

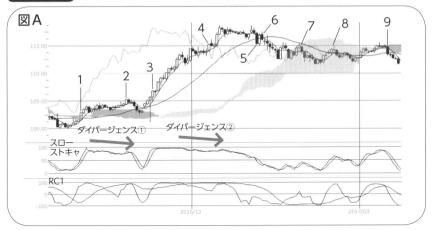

　足2に至るまでに、スローストキャは1回目のダイバージェンスを起こした。足2が押し目をつくるとなると、およそ3日かけるのが普通（たとえば12月1日から3日の押し目）だが、少し仕掛けが入ったのだろうか、いったん雲中に入り、ヒヤリとさせた。しかし再度の雲抜けでは25日線にギャップをつけて陽線を立てているから、先行きに期待できる局面だ。

　足3は、陽線。1本前の足は陽線だが、極端に長いヒゲつきだから、ヒゲの出た方向へ、という原則を満たしている。足3ではRCIは極高ゾーンで上昇中の27日線を9日線がGCしているので、相当強い上昇トレンドだと感じられる。こういう局面は買い増しし、5日線でホールドされる限り、売る必要なし。早晩、RCIにもスローストキャにもダイバージェンス現象が現れるはずだ。予想通り、足4まで上げた。最後の段階のブレークアップ足だと思えるから、通常のチャート形状では、今までの上げリズムとちょっと変化する。一種の波動の乱で、これもよくあり、先読みでは、いろいろな過去経験したチャートのパターンを想起すると先を読みやすいと思う。

　確かに2連の大きめの陽線出現後、だらだら押し始め、天井通過をトレーダーに意識させるに十分な足5、そして足6の25日線割れの陰線で、足5と足6の間に挟まれた陽線でリバウンド狙いを挫いたようだ。足5を強い売り足だと思ったがしばしば裏切る仕掛けが入るようで、ここでもそうだった。FXの

値動きには尋常でない戻しもアリで、油断ならないので気をつけよう。

　足6が再度の25日割れを仕掛けた後、順調に下げていき、足7の陰線だ。すでに25日線の傾斜が下向き、つまり下降トレンドに入っており、この足7に注目。スローストキャのDCを見ていくと、50％前後がやっとの状態だ。

　下降トレンドの状況では基本的にDCは低い位置でも、追加売りだから、下向きの25日線を足が越えたら売り叩くべし。従って迷い足8が出たときは、ここまでで上げが一杯、と読んで売り。足9は雲抜け失敗の「失望足」だから、25日線割れのおまけもついて、売り足に徹すべきだ。

●ケーススタディ②　ポンド／米ドルペア

　右図Bを見よう。同じ時期の日足の動きだと思えないほど異なるチャートだ。振り返ってみると、半年ほどは、ボックス圏内での動きだ。1.2000～1.2800間のレンジ。4月にこのレンジの上値抵抗帯を上放れして上昇トレンド中だ。

　足1から順にプライス・アクションを考えていこう。足1はブレークラインを引けば一目瞭然のブレーク足だ。すでに雲下の下降ゾーンにあり、かつ25日線の傾斜が下向きだったので、ひとたまりもなく落下を開始、1小陽線介在の6連の陰線を重ねた。

　その唯一の小陽線足2に注目したい。この足は2連の陰線の後に出現して、なんとか下落を止めようとするが、こういう中途半端な介添え足が出ると、逆に追撃売りのポイントと見なす。実際その後の下げは一層強烈になった。

　底打ちの足3は差し込み線で、すでにスローストキャもRCIの9日・27日線ともに極低ゾーンでへばりつく状態なので、多少のもみ合いはあるだろうが、底を打って当然の状況だ。リバウンドに入り、いわゆるダブル底をブレークしたのが、足4で、25日線を越え「買い1」の位置に相当する。25日線の上位置でもみ合いが起きると、当然25日線が上向きなので、たとえ仕掛けて下げに見舞われても、25日線上にかろうじて止まり、「買い2」の位置にある足5のモメンタムで、もう一段上げの経験をすることになった。

　しかしそこまで。雲抜けできない失望感は足6で典型的な「売り1」で下降へ向かわせ、「買い4」の位置から少し戻しても、足7で返り討ちとなり、さ

戦術 7　ローソク足A vs ローソク足B

らに下落の道をいく。1.2000割れを小陽線、その次の足8で、急騰戻しで一気に25日線を抜き上げた。

　足9は、極高からのスローストキャの下げグラフの塩梅から、また陰陽の抱き線の組み合わせが売りシグナルなので、足10と力を合わせ、下降トレンドを形成した。

●ケーススタディ③　豪ドル／スイスフランペア

　12月までのスローストキャのグラフを見てわかるように、上昇トレンドに沿うために、50％のグラフを割ることが少なく、従って概ねボックス圏の動きに徹しており、上値抵抗ラインと下値支持ラインをおさえておけば、スローストキャの上げ下げでなんとか売買をしのげそうだ。思い切って横のインナーラインを引いてみたが、この上下相場を割ってみて、かなり読めると思う。足3、4、5が上値抵抗帯の上限と見ることができる。

　足1は「買い1」。足2は「買い2」。雲上での価格上昇だから、比較的安心してロングポジションを持てるはず。足3では天井の位置かどうか不明だし、足3の上値をヒゲにしろ、抜かれており、場中では、トレーダーはヒヤリをしたことだろう。思わずヒゲの高値でダマシにひっかかってつかまされたかもしれない。

図表 5-8　ポンド/米ドル　日足　移動平均＋一目＋オシレーター

足4は、下ヒゲをみてわかるように、足1や足2でポジションをもった人は「トレール注文」をしておかないと、利益を飛ばしてしまったことだろう。
　足5は「売り1」で定石。そして足6の0.7300割れまでヒゲが伸びる。相場では、こうした「錐を刺したような下げ」を見かけることがある。一種の相場の歪みだろう。ロング派にとって気味が悪いのは、この足6の下ヒゲは、足4の下ヒゲの端に近いところまで下げたということ。つまり足6のヒゲの仕掛けを見たら、私たちは、いつか足6のような価格まで下がることを予想すべきなのだ。
　足7は、上値抵抗帯をブレークアップした功労足か。「売り1」の足8のお蔭で翌日から下げを連打することで、足が戻してくれても、25日線の傾きが下になっており、25日線を越えようが、そのアタマを売り叩くだけで、利益を膨らませられるというわかり易い相場に移っていった。足9はその典型である。

図表5-9　豪ドル/スイスフラン　日足　移動平均＋一目＋オシレーター

●ケーススタディ④　ユーロ／ポンドペア
　右図Dの移動平均線チャートの左端の四角枠で囲った部分を見てほしい。25日線を陽線が越え、高値止まりの4つの小陰線や小陽線の後、急騰して陽線を立てた値動きだが、この勢いが足1まで上げることになった。このパター

ローソク足A vs ローソク足B

ンはアタマに叩き込むこと。典型の勝ちパターンを見つけ、売買することにしばしば否定的見解の人は「資金力を持つ人に潰される」という。たぶんそれは価格のどの位置でそのパターンが出たのか、が大事だと思う。

結局、資金力にモノをいわせたトレーダーは、ロングなら大量にポジションをつくっても、売らねばならないわけで、図Dの枠内の組み合わせが「買い1」のトレンドの端緒でつくられたことを意識してほしい。

足1と前足の組み合わせは天井シグナルの「はらみ線」だ。天井に達してから下げに転じた場合、いくつかのパターンがあり、たとえばフィボナッチ数列で3分の1下げからダブル天井を志向する動きとか、レンジ相場を続けもみ合うとか、である。

足2は相場がレンジ的に動いて、結局下値をブレークしてそのまま底へ一直線、途中に足3の抵抗をしたものの、結局、12月の3本目の足がつけた安値0.8300までヒゲ端は下げた。底をつけたものの、次に起こることの予想は「二番底」。その下値切り上げを確認したら、買いインというわけだ。

このように見てくると、FXの値動きは実にパターン的で、従ってここで次に何が起きると、パターン的に考えてみると、「買い1」へと上昇トレンドを想定すればよい。どうなったのか。足4の登場だ。

図表5-10 ユーロ/ポンド日足　移動平均＋一目＋オシレーター

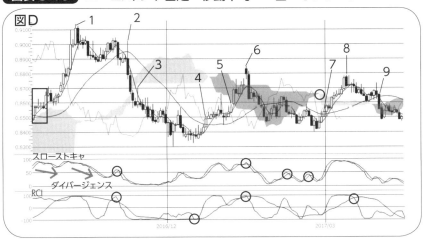

足4が25日線を越えて途中「買い2」までの下げを受けて、そして上昇軌道に戻り、そこからブレークアップする足5のお蔭で、ギャップを伴って、足6の陰線まで上げる。高値圏での十字線、ギャップ、陰足5、大陰線の三川は「宵の明星」と同じ勢いの天井通過、売りシグナルの典型だ。
　その後、短期の下降トレンドが生じたが、足7で再度の「買い1」のタイミング。ここまでの値動きを例の四角枠の位置まで振り返ってみると、私がつけたスローストキャとRCIの丸印が示唆することはお分かりのはずだ。
　足8の陰線まで気持ちよく上げたので、5日線内にホールドされて、原則から売ることはない。くどいほど確認できる技法だ。足8の強い差し込みから天井を意識、実際天井シグナルとなったが、さらなる下降を決定づけたのは足9である。
　その後のチャートを割愛したが、25日線を足9が大きく割って、やがて12月の3本目の陽線の下ヒゲ0.8300とほぼ顔合わせすることになる。なんとも因縁めいた数値を待ちかまえる結果になっているのだ。
　さらに、ちょうど真上に雲のねじれが出現し、このねじれは「変動」を起こすことになる。実際その通りで、急落を起こしている。
　その後ギャップを空けて急騰するものの、所詮は下降トレンド確定の中でのリバウンドだから、戻りの価格と25日線との接触、さらにオシレーター2本のグラフで原則読みをすれば、小さな波動でも利益を得ることができるだろう。このように、プライス・アクション法はチャートを予想しつつ、次から次に続くローソク足の動きを読んでいくのである。
　以上プライス・アクション技法による、簡単な「銭活分析」をやってきたが、読者の皆さんには、FXではいかに定番の技法が役に立ち、それが勝つための基礎だということをお分かりいただけたと思う。

黄金こらむ

シグナル論

　本書で一貫して述べていることの一つに、シグナルがある。シグナルは、売買判断のときに、役に立つもので、チャートの中に売買ポイントを教えてくれる現象が出現すると、これを頼りに売買できるわけだ。
　たとえば日足の一目均衡表では、26日前の遅行スパンが実線とクロスしたとき、そのクロスを一つの有力なシグナルとみなし売買する。あるいは移動平均25日線をローソク足が抜くと、グランビル法「買い1」の位置だから、買いシグナルとみなし、買うチャンスだと判断するのだ。このように、様々なシグナルを読めるようになると、勝率がアップし、テクニカル分析の力がつく。
　ここまでは、たいていの一般的な株本も解説してくれる。モデル的なシグナルにはどういう種類があるのか、それをしっかり覚えておけばトレードに役立つというのだ。しかし、そう簡単ではないことは、実践を始めるとたちまちわかってくる。シグナルに気づかない、シグナルが見えない、ということがわかるのだ。つまりシグナルの可視化の問題に直面する。
　すでに「はじめに」でも述べたが、トレーダーに見えるのか・見えないのかは、次のようなケースに分類できると思う。

①見えるシグナルが見える。
②見えるシグナルが見えない。
③見えないシグナルが見えない。
④見えないシグナルが見える。

　おそらく、トレーダーであるあなたが探すシグナルは、上記4種の可視化のレベルにあると思われる。
　まず①のケースでは、遅行スパンは見える。遅行スパンは実線とクロスするときには、売買シグナルである、という知識がないと、この遅行スパンは見えなくなる。つまり②のケースだ。物理的には遅行スパンは見えるがシグナルとしては見えないということだ。
　では③のケースはどうか。これは、物理的にシグナルが見えないから見えないという意味なら、見えなくて当たり前だ。チャートに描かれていないラインや現象は見えないのだから見えないのは当然だが、果たしてそうだろうか。見えないシグナルが見

えることはないのか。つまり④のケースだ。

　勝ち組トレーダーの中のピカイチには、他のトレーダーには見えないシグナルが見える人がいる、ということを教えてくれる人が実際にいる。

　本書ではこの4種の見える・見えないを読者の皆さんに考えていただいている。

　ある状況で、大きく値が動いて大陽線が立ったとしよう。大陽線は物理的に佇立した現象だから見える。しかし、私には、その刹那、26日前の遅行スパンが上向けに実線をクロスしたのが見えた。言葉を換えると、私には、その状況で、この大陽線佇立がどんな意味をもつか、が見えたのだ。どんな現象がチャートの別の位置で見えたか、が理解できたということだ。

　ある波動の連続を見ているとき、次の波動の形が見えることがある。波動はパターン研究でかなり解明できる現象だから、その研究成果を知らない初級者には見えないのは当然だが、それを知る上級者には見える。波動では、上値を引いたブレークラインが描かれていなくて、そのラインが見えないにもかかわらず、ラインがそこにあって、ブレークされたのが、見えることがある。初心者はラインを引かれると見えるが、上級者は、初心者に見えないラインが見えるのだ。この能力は日々の実践とドリルによって培われていく。

　レベルがさらに高くなると、一枚の移動平均線チャートを眺めているだけで、様々な大事な局面で見えるシグナル、見えないシグナルがもつ意味を理解できる。半可通のトレーダーが目指すべき目標・境地はこんなふうに明らかだ。

福沢サンGETワザ ❺ 機能しない技法

　トレーダーにとって稼げる技法をもつことは大事だ。そのためには、伝統的な技法にほかの技法を取り入れたり、パラメータを変えたりして、より機能させていくか、機能しない点を修正したり……という具合にいろいろ行うものだ。

　たとえばボリンジャーバンドの読み方にしても、センターラインを何本の足にするかによってバンドの読み方が違う。さらに通貨ペアによっても最適な本数があり、これをバックテストして、決定すべきだ。

　そして、こうした努力の結果つかんだ技法も、いずれ機能しなくなるというという認識を忘れたくない。たいていのトレーダーは、こうした機能しなくなった技法を捨てることができない。過去うまく稼げた技法をプロに読まれていることに気づかず、漫然と使い続けることの愚を知るべきだ、と思う。

第6章 ファンダメンタルズ分析編

値動きが反転しない間は、まだ相場に材料が織り込まれていない。

情報の読み方と活かし方

分析1 ドル円相場　上げ材料 VS 下げ材料

ドル円相場は、お国事情に注目して読もう

　有事が材料になると、ドル円はどう動くのか。上がるのか、下がるのか。

　かつては「有事のドル買い」と言われ、「世界のポリス」を自任していた米ドルが信用の高さから買われたが、近年は、地政学リスクで「有事の円買い」「有事のスイスフラン買い」の流れになっている。押さえておきたい知識だ。

　この有事の買いは、単に日本やスイスは紛争などによる影響度が少ないという連想的な判断である。しかし、それは通貨ペア間の相関的な動きだ。トレーダーの立場で上げ材料・下げ材料を見ていくと、ドル／円の通貨ペアの事情はこんなふうに読めるだろう。

◎日本の事情

①基軸通貨の日本円だが、為替変動の動因を日々出すほどの影響力はほとんどない、とみてよい。トホホの力とは言っても、日本において大きな経済指標とされる日銀の四半期経済観測調査、いわゆる「日銀短観（企業短期経済観測調査）」のFX市場への影響力はそこそこ大きい。他には「景気動向指数」「国内総生産（GDP）」があり、これらもちょっと注意しておいてよい。

②日本の重要指標は、FX業者が提供するコンテンツの項目をクリックするか、行政が提供するサイトをお気に入りに登録してチェックすること（206ページの主要サイトを参考）、経済指標の他には、貿易収支に注目しよう。対米の貿易収支が黒字なら米ドルを日本円に替える必要があるので、日本円が上がることになる。

③マクロ的政策が市場に影響を与える。たとえばデフレ脱却を政策の中心におくと、アベノミクスに見るように、円安へのかじ取りとなり、円安進行とみて、非常にわかりやすい相場となり、米ドル／円相場で、米ドル買いポ

図表 6-1　ドル円相場お国事情

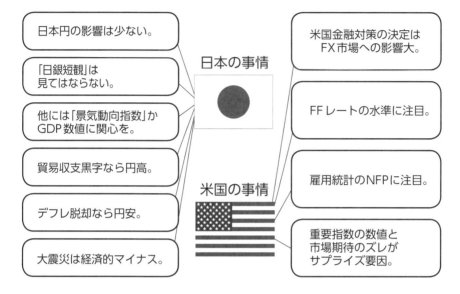

ジションのトレーダーの利益を膨らませた。

④経済不安も市場へ影響をもたらす。たとえば東日本大震災は、経済的マイナス要因として、円安要因となった。

◎米国の事情

①金融政策はFX市場への影響が大きい。FOMC（連邦公開市場委員会）、政策金利「FFレート」の水準に注目する。主要経済指標のリリースに注目しよう。たとえばFOMCの政策決定を左右する「非農業部門雇用数」（NFP）という「雇用統計」だ。

②為替市場参加者が予定した数値と発表数値の乖離が大きいほどサプライズ要因となり、為替が大きく動くことになる。2016年6月3日に発表された5月の「雇用統計」では、NFPが前月比3万8000人の増加で、市場予想の同16万4000人増を大きく下回り、サプライズとなった。

分析 2 ニュース派 VS チャートのみ派

利益獲得のための
プランニングが異なる

　ファンダメンタルズ派には、発表ニュースを利用して儲けるトレーダーがいる。その一方で発表ニュースには目もくれず、テクニカル分析、つまりチャートウオッチだけで判断するトレーダーもいる。一体どちらが得なのかを考えてみたい。

① マクロかミクロか

　一般にニュース派はマクロ的なトレードを好み、極端な話、50Pipsや100Pipsなどは問題にしていない。つまりミクロ的視点には立たず、マクロ視点に立って、大きな為替相場の流れに関心をもつトレーダーたちであると言える。取引回数も少ないのが一般だ。

　つまり大きな潮流を掴むということは、大きい変動を狙うということで、それだけの大きい変動が生じる原因は何かと言えば、為替市場にインパクトを与える国の指標や経済金融政策の決定、要人発言である。こうしたニュースをいち早くキャッチし、素早く分析をして、変動によるチャンスを活かそうとするのがニュース派だ。

　一方、チャートのみ派は、テクニカル分析を中心に為替相場を読み、主にミクロの視点からこつこつPipsを稼ぐやり方なので、トレードとしては、地味で、繰り返し使えるテクニックを日常的に利用・応用することで利益を

ニュース派 VS チャートのみ派

積み重ねていくことになる。

② プランの立て方の相違

チャートのみ派には、デイトレーダーが多く、「木を見て森を見ない」視点の人たちが目立ち、たとえば米国の影響ある指標が発表になって相場が急激に動いた場合には、ニュース派が予想して対応を考えているのとは異なり、動いた以降に状況に対応する。要するに同じ材料に対応するにしても、儲けるためのプランの立て方が異なるのである。

従って、ニュース派とは違って、文字通り、テクニカル分析を重要視するために、独特の技法を多用して、利益を重ねることになる。たとえば「待ち伏せ戦術」がその一つである。

どんなふうに待ち伏せするかと言えば、重要指標発表秒読み段階の、相場がまだ材料を織り込まない時期に、チャート分析を終えて、上放れ、下放れをする価格で、特殊注文を利用して待ち構えて注文を出す。

実際に米ドル円ペアのトレードで、材料が出てそれがかなり米ドルにネガティブに反応した場合、米ドル安で下放れのラインで売り待ちしていれば、動いたと同時にポジションを確保できて、大漁となるわけである。

③ ニュース派とチャートのみ派の中間層

対極にある両者の特性を考えてきたが、むろん、その中間的な位置にいるトレーダーもいる。彼らは両方の特長を利用するわけで、これはトレード管理と資金管理に関係あるテーマの一つと言える。

分析 3 雑誌・ブログ VS 業者サイト

信頼できる情報メディアをまず見つけよう

　FX取引関連の雑誌やブログ記事は、専門家、投資関連企業、出版社、プロトレーダーたちが書いているが、その使い方としては：

① 一般にトレーダーは美味しい情報を求めて過度に読み込む癖があるから、たとえば1日30分から1時間というふうに決めるのがよい。

② トレードのスタイル、投入資金、活動時間帯などが似た専門家のブログやSNSを選んで読むと、学ぶことが多い。

③ ブログや雑誌の記事を盲信しないこと。初級レベルのトレーダーは裏を取れないが、情報を採用するとき、冷静に判断するべき、と意識するだけで、冷静な判断に近づけるはず。

④ 様々な情報を手に入れたいなら、金融雑誌のサイトの情報が役立つ。細かいテクニカル技法を学べるほどの深度がある。

　自分が口座を開く際に利用するFX業者や証券会社が提供してくれるコンテンツは無料だが、独自性がある。以下、利用のポイントである。

① FX業者は提供のコンテンツで独自にプロが指標や市場動向を分析してくれるから、自分のトレードスタイル、たとえばファンダメンタルズ分析かテクニカル分析かを意識して解説を読もう。

② 予想や今後の見通しなど分析のやり方を学ぶ姿勢で、お気に入りのプロの解説を読めば、重要な指標や統計資料の読み方までも学べてうれしい。

　こんなふうに、「雑誌・ブログ記事」と「無料・業者サイトのコンテンツ」を比べてみたが、要は、限りある時間にどれだけ有益な情報を選んで確保・理解できるか、に尽きると思う。

雑誌・ブログ VS 業者サイト

図表 6-2 雑誌や FX 業者が提供するサイト

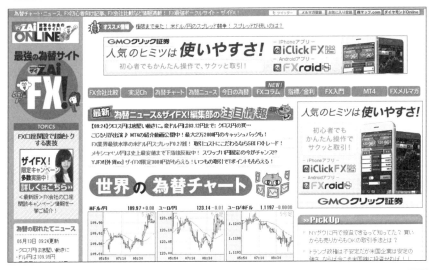

http://zai.diamond.jp/fx
http://forexpress.com/

分析 4 速報 VS レポート
カンタンにできる情報キャッチ法5

　FXトレーダーが必要とする情報は、速報とレポートの2種類ある。速報は、ロイター、ダウ・ジョーンズなどの有名通信社や24時間リアルタイムで配信する「fx wave」、FX業者専用のものがあり、取引ツール内で経済指標発表時にフラッシュ式に新情報キャッチをしたいものだ。

　為替関連のレポート類に関しても、信頼できるウェブサイトや自分が口座を開いているFX業者がアナリスト名入りの記事を提供してくれるからそれを利用し、用語になじみつつ知識・分析力を鍛えることが大事だ。情報収集の際は次のことに注意したい。

① **情報収集にあまり時間を使わない**：テクニカル偏重のFXトレードでは、経済指標の速報で動く情報キャッチ以外、情報収集はほどほどにしないと、「分給」という稼ぎ方の効率性に反し、あまりに時間がかかった割に、実りが少ないという結果になっては主客転倒だ。

② **情報を盲信しない**：情報フローに浸かると自分の理解力が揺れてしまう危険がある。知りたいのはトレンド方向と変動理由だから、情報を鵜呑みにしないためにも、リテラシーを鍛えておこう。

③ **テーマやトピックを意識**：だらだら漫然と情報を収集するのはダメ。何をキャッチしたいのか、そのテーマやトピックを常に意識したい。投資脳が情報に対して進化していくわけだ。

④ **受け身収集を避ける**：FXは知的シュミではない真剣勝負の金儲けの手段だとしっかり信念化しておきたい。ゆえに情報収集も目的ではなく手段だ。問題は、情報を自分なりにどう分析して金儲けに活かせるか、だ。まさに「銭活」だから、湧いたWHYに対してできるだけ解答をつかめる努力はしておこう。儲けにつながるキーワードには絶対、敏感になりたい。

⑤ **感情記憶を磨く**：私がよくやる手法だが、情報理解力をアップさせるために、実際のトレードでのバカ負け戦やバカ勝ち戦を日誌に書く折、情報の分析の良し悪しが日誌のテーマなら、感情を叩きつけるような短い文章を残しておく。必ず実践時にその記憶がよみがえるはずだ。

分析 5　情報 VS 心理

金融情報を三位一体法で料理する

　FXトレーダーの「銭活」に必要な「三種の神器」は、①情報収集分析、②テクニカル分析、③心理分析、だと思う。この3つが揃わないと始まらない。そしてこの3つを三位一体化させないと利益につながらない。

　利益につなげるためには、どんなふうに三位一体化すればよいのか、トレーダーは知りたい。その答えは簡単だ。相場が動く方向、つまりトレンドの動きを知る、ということだ。

① **情報収集分析**　たとえば米国の雇用統計のような相場を大きく動かす指標は無視できない。相場が動く、つまりトレンドが生まれる起因となるからだ。しかし指標が良かったからとはいえ、必ずドル買いに向かうとは限らず予想を反対読みすると「ウソよ」となる。所詮、相場は、市場参加者の需給、意欲、思惑、分析などで流れがつくられるからだ。トレーダーにとって、まず情報収集分析の過程で、とりあえずのトレンドを読む必要がある。しかし動く相場の流れ、トレンドの方向を、為替レートの具体的な数値に変換することは難しいので、他の神器に力を借りることになる。

② **テクニカル分析**　この分析は主にチャートという可視化されたツールを用いて行われる。値動きは時間軸ごとに、目に見える形（たとえばローソク足、移動平均線、一目均衡表、各ライン、オシレーターなど）で示され、精緻な分析力を駆使すれば、目先の波動予想ぐらいなら十分可能になる。「分給」はこうした分析力により可能になる、合理的な稼ぎ方でもある。時間軸の観点が決定的に相場の流れ読解に役立ってくれるのは、超短期・短期・中期・長期とトレンドを分類したとき、超短期トレンドと短期トレンドを比較すると、トレードの目先、もう少し先、さらにもう少し先の読みという具合に、連動的にトレンドを読めるからだ。換言すると、超短期のトレンドさえも短期のトレンドを

追う局面では、スイングへの移行を考えることができ、「分給」がさらに有利に行えることになる。

③ **心理分析** 一般の人間の感情を分類するには「喜怒哀楽」が便利だ。実際相場の世界は、管理7（186ページ）で解説するチャートによって、トレーダーの感情を暗喩・隠喩的に可視化できる。たとえば、期待は買いを誘い、失望は売りを誘う。ロングポジションとショートポジションは拮抗しつつ、どちらかへ加担する相場の力が働き、これを詳細に読めれば、相場を予想することができる。至難の業だが、やってみる価値はある。

図表6-3 情報の三位一体化

分析 6 織り込み済み　なる場合 VS ならない場合

「織り込み済み」になる、ならないはどう違う？

　米ドル円通貨ペアで、米ドルにとって買い材料が出たつもりが、下げることがある。初級レベルのトレーダーは首を傾げてしまうが、ベテランは冷静にその動きに見事に対応できる。一部トレーダーの動揺を尻目にベテランはつぶやく。──「織り込み済みだな」と。

　市場で期待され注目されてきた材料が「織り込み済み」と認識されたら、そこが価格の転換点と見てよい。上げてきたトレンドは下げトレンドへ転換し、逆に下げてきたトレンドは上昇トレンドへ転換するのだ。

　なぜ「織り込み済み」が、価格を転換させるのか。

　トレーダーや市場アナリストは先読みしながらトレードする。そのため、ファンダメンタルズよりも価格が先行して動いてしまうのだ。市場へ材料を織り込んでいくとは、そういうことを指す。

　ある認識レベルで市場当事者たちが納得し合う価格はすでに既成事実化しており、意外性はない（つまりサプライズなし状態）。むしろ達成感により失望感が予定されている。これ以上、二枚腰的に期待に添える材料が出ない限り、どうしても失望が現実化するしかないのだ。だからトレンドが反転する。

　特に長期間、価格が強いトレンドが形成されている局面では、トレーダーは注意・緊張すべきだ。出来高の推移を見つつ、ややこれが細ったタイミングで、強い材料がリリースされたときがもっとも危ない。「織り込み済み」の認知で、トレンド転換ということも珍しくない。サプライズがFX市場の千里を走るのだ。

　このタイミングは、価格の相対的な高さによって、動きのとらえ方を理解しないと失敗トレードとなる。たとえば移動平均線を使って判断する場合は、通常日足チャートだとすると、グランビル法の売買ポイント8のどの位置で材料

織り込み済み　なる場合 VS ならない場合

が発表されるかが課題となる。

25日移動平均線からマイナス乖離率が高い位置で、悪材料が出たとき、急落してすぐに、棒上げに転じて「なぜ悪材料なのに上げるのだ？」と失敗を嘆くこともあり得るが、それは「悪材料出尽くし」という言葉で、納得させられる。逆にこうしたマイナス乖離率が高くても、好材料が出た場合、率直に上げ基調へ転じるケースが多い。「なんで～、なんで～」と嘆息して天を仰ぐような真似は見苦しい。

そんな態度を見せず、実際にファンダメンタルズに影響を与える為替情報が出た後、どんなふうに為替価格が動くのかを、その都度、チャートでチェックする努力をしよう。利益を得ることを遠ざけてしまう愚をおかすことなどやめよう。

図表6-4　「織り込み済み」を理解する法

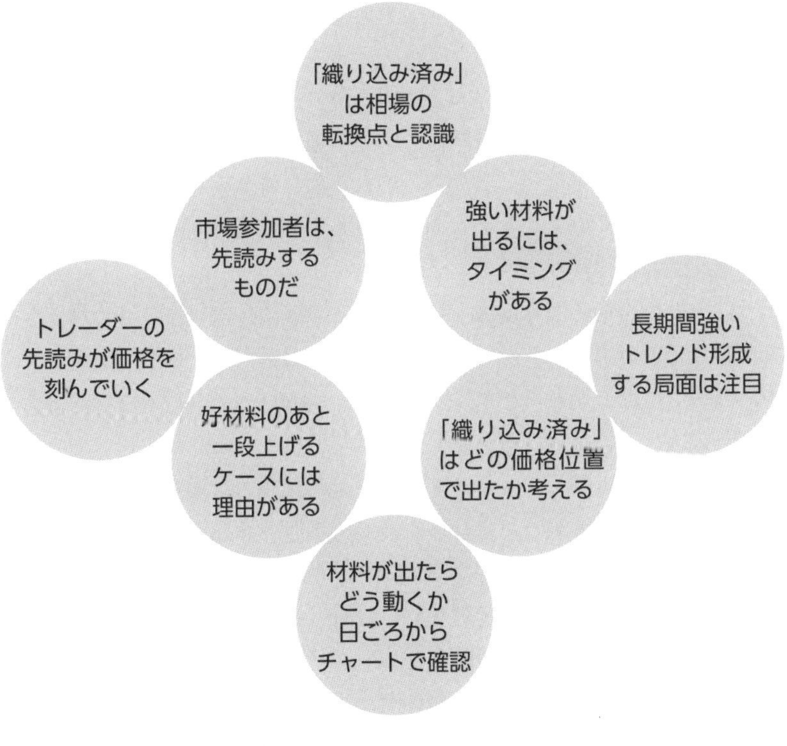

- 「織り込み済み」は相場の転換点と認識
- 市場参加者は、先読みするものだ
- 強い材料が出るには、タイミングがある
- トレーダーの先読みが価格を刻んでいく
- 長期間強いトレンド形成する局面は注目
- 好材料のあと一段上げるケースには理由がある
- 「織り込み済み」はどの価格位置で出たか考える
- 材料が出たらどう動くか日ごろからチャートで確認

6　ファンダメンタルズ分析編　情報の読み方と活かし方

分析 7 歪み・偏り VS 適正化

相場の歪みと偏りを常に意識せよ

　FX市場の歪み（スキュー）と偏り（バイアス）は注目に値する。なぜならこれを利用して「銭活」できるからだ。

　歪みは、なんらかの要因で市場にできた異常形で、通常はその状況は長く続くが、徐々に適正化する。

　好例はリーマン・ショックで起きた歪みだろう。この材料がグローバル市場に与えたショックはハンパではなかった。米国だけでなく各国の経済に亀裂をつくり、はなはだしい歪みが世界の市場を病的にした。

　しかしショック後は市場の歪みは、テクニカル指標に可視的に刻まれ、結局市場は有機体と思わせるほど体力を回復した。市場の回復過程をポジティブにとらえ、必ずや歪みは適正化されるとプランニングしたトレーダーたちはチャートをハイレベルに可視化しながら、莫大な富を得た。重要経済ニュースの取捨選択で、中・長期のトレンド方向を理解し、それをテクニカル分析で補ったのだ。

　日々起きる、市場の偏りでも「銭活」できる。この偏りをうまく利用するのが、逆張りトレーダーたちだ。相場の動きが極端に走り、市場センチメントが一方的に大きく偏ったとき、市場参加者の一般的見方と反対のポジションをとって市場に入ってくるツワモノたちだ。

　彼らはテクニカル的・ファンダメンタルズ的根拠と市場参加者の心理を読んで、たとえばドルが強気一色になった高揚感の歪みを見て取れば、今は可視的ではない相場の下落をいち早く想定し、売りポジションを積み重ねていく。

　魅力的だが、もっとも危険で愚かしい投資行動は、急騰の際に「値が棒上げするから買う」ことだろう。賢明なトレーダーは、逆に上昇の中に、相場の息切れ・売りが膨らむ現象を見ているのだ。

図表 6-5　デモトレで相場のバイアスを見抜け

　このように、状況により生じた心理的な偏向を読み抜く能力はどうすれば身につくだろうか。デモトレードを利用するやり方がある。
　ご存じのように、デモトレはバーチャルトレードだが、実践と同じチャートを見ることができる。逆張りのポジションメークをしたポイントから、どれくらい自分のデモ口座の資金が減っていくかをリアルタイムで見るのだ。そして、膨らむ損失で自分がバンザイをするまで耐え、その損切りポイントからポジションを組み立てていくやり方である。
　つまりバーチャル資金の阿鼻叫喚を見つつ、リアルなトレードに生かすやり方だと言えよう。

黄金こらむ

歪んだ相場

　デイトレをやっていて腹立たしいことは、山ほどある。怒りの抑え方はすでに修行しているつもりだが、気づいたら、その怒りのせいでトレードを失敗してしまっていたという悔しい経験をおもちの読者は多いことだろう。
　たとえば3分足の移動平均とスローストキャスティクスをセットにしてチャートを使ってトレードをしているとしよう。グランビル法でもっとも買い成功率が高いといわれる「買い1」でうまくエントリー、しばらくして減速、48本線に接触、そこが「買い2」のポジションを増し、よし！　と気合いを入れて注文を出した直後、崩されたら、結構腹が立つはずだ。
　戦術的にも辻斬りに逢ったような瞬間だ。どうしてかというと、おそらくこの崩しはHFTの仕掛けだろうが、自分が設定したかなり幅のある損切り設定を飛ばし、設定値でさえ売れていない、暴落ということもある。人には記憶があるから、心に傷を受ける前と受けた後では、投資行動も変わる。トレーダーの矜持にひどい傷となって残るからだ。
　デイトレの利点は、リスク回避が容易だということ。だから「分給」という新しい概念で、読者の皆さんに、福沢サンを稼ぐ知恵を本書で紹介している。もしトレーダーが、得意ワザの移動平均線の技法をしばしば崩されたら、当然迷いが生じ、これは危険信号、負け道に一歩踏み出したことを意味する。
　要するに近年腹が立つのは、HFTの仕掛けである。短期の時間軸内で、FX相場のあちこちで資金力にモノをいわせてHFTが暴れまくっている。正統派技法の裏をかく、仕掛けが跋扈しているのだ。
　次々と繰り出される仕掛けの狙いはわかっている。FX市場に「歪み」を作り、一般の常勝トレーダーを誘い込み、資金を奪っていく冷笑が見えてくる。
　では、「歪み」をつくれば、なぜ彼らを利することになるのか。
① 　彼らは、バックテストをふんだんに行ったシステム仕掛けをしている。
② 　揺るぎない金儲けの信念と、高度な知恵をもつ。
③ 　伝統的な技法を通用しなくさせることで、プロをも初級の腕に落とす。
④ 　なぜなら一般の常勝者はチャートパターンに依拠するから、武器をもぎ取られた状態にさせられる。
⑤ 　常勝者は、もはや値動きをランダムウオークと思ってしまうが、仕掛け人たちは、仕掛けた後に勝利があることを知っている。小僧らしい奴らだ。

第7章

トレーダーは誰もが優位性をもつ。勝ち負けは、それを活用できるかどうかだ。

リスク管理編

資金、メンタル、トレードの必須、リスク対策

管理 1 損切派 vs 損切無視派

塩漬けは厳禁、ロスカット上手な戦術１０

　損切りを甘くみて、いい加減にしていると、必ず痛い目に遭う。最悪の場合には再起不能な打撃を受ける。こうした無残な事態を避けるために行う「セーフティネット」が、ストップロス設定だ。これにより死なずに済み、生かしてくれるスグレモノだ。この装置をうまく利用しない手はない。

戦術１　ストップロスの設定は必ず行う

　"分給"を得るためのスカルピング式デイトレで急落・急騰を逃げられるやり方以外、トレーダーは必ず損切り設定をすべきだ。とにかく損失は最小限に抑える。頼れるのは自分だけ、誰も守ってくれないのがFX市場における戦いだ。

戦術２　ロスカットは売買ポイントからややずれた位置で行う

　有り余るほど勢いがあるとき、為替レートは激しく動く。これこれの値段まで落ちると計算上、数字では出るものの、その価格で都合よく反転してくれず、その数値を超えて打ち破れた後、あざ笑うように反転することがしばしばだ。算出した数値に余裕をもたせることが大事である。

戦術３　ナンピンは極力しない

　ナンピンは禁じ手と思おう。ナンピン自体、すでに判断の失敗を意味するから、ロスカットで自分の誤りを認め、次のトレードへ新たな気持ちで進むべきだ。

戦術４　代わりに「ロスカット式ナンピン法」を使う

　損切り後にその銘柄をしっかり観察し、売買ポイントで再度エントリーする方法だ。これなら損切り後からポイントまで損が生ぜず、そのポイントから新規に建てることが可能になる。

戦術５　ロスカット位置は、一目均衡表と移動平均線の併用で行う

　一目均衡表と移動平均線には、価格の位置からみてロスカットを決めるため

の手がかりがたくさんある。一目均衡表には、5本の補助線や雲などがあり、それを手掛かりに、また移動平均線は価格・波動・移動平均線の関係を手掛かりに、グランビル法・波動論・ブレーク法などを使うことでロスカットの位置をうまく設定できることを知ろう。

戦術6　機械的ロスカットは極力しない

　機械的ロスカットは、ポジションを立てた価格の何パーセント下げたら、ロスカットをしてしまう、というもので、実にカンタンだ。ただ、このやり方は、効率が悪いので、できるだけ無駄がある設定をしないようにしたい。

戦術7　ロスカット後、価格が戻り、失敗しても、気にしない

　「ストップロスレベル」をぶち壊し、トレーダーのロス行動を意図的に作り、反転させて儲けをかっさらう「ストップロスハンター」のお蔭で、ストップロスポイントに戻されて悔しがるケースがしばしばある。

　ロスカット後、値が戻り、ロスカット自体が失敗に終わっても、気にせず忘れることだ。失敗を後悔しても結果が変わるわけではないし、それからも何度もロスカットをし続けねばならないわけで、後悔より技法をアップさせることだ。気にするな。

戦術8　細かく損切りして、キャッシュ・ポジションを高める

　利食いは小さく、損切が大きくなるのは最悪の事態。ロスカットは細かく行い、負けを取り戻すために、ロスカット後に投入資金を増やすのは禁じ手だ。

戦術9　ストップロス設定をしたら決してキャンセルをしない

　ポジションをとるとき、人はもっとも冷静に判断をしているといわれる。このときすでにストップロス設置を行っておかないといけないのだが、しばしば値動きやトレーダーの心理に影響を受け、設定キャンセルすることはダメ。

　例外がある。利益を膨らませていく過程で、万一いきなりの仕掛けが起きて、ロスカット設定をそのままにしていると、利益を吹き飛ばされることがあるので、トレール注文設定して、損切り水準を上げて、利確を保証しておく。

戦術10　ロスカットを招く過剰に頻繁な売買はやめる

　いくら細かくロスカットをすることを勧めても、そのロスカットの多さが、過剰な売買に起因しているとなると話は別だ。損失のリミットを計算しよう。

管理 2　FXで儲ける人 VS FXで損する人

儲けたければ、もっと「臆病」になれ

　FXで儲ける人と損をする人には、次のような共通のパターンがある。
① 楽観視する人か、しない人
　損をする人は、見込み違いをした際にリスクを限定するためのロスカット設定をしっかり行う儲ける人に倣わず、しばしば先行きを楽観視し、いつか価格が戻るだろうと思って、さらに傷を深くしてしまうおバカさんだ。利益と損は背中合わせだと認識せず、楽観的な性格の持ち主は、利益取りばかりに関心を向けてしまい、大きなレバレッジをかけ、損失をますます拡大させてしまう。
② 含み損と実質損失の区別ができない人か、できる人
　この2つの区別ができない人は、高いレバレッジ投資において、致命的な欠点をもつ。そういう人は、買い建てしているが、まだ反対売買をしていないから、確かに実損をしていないので、負けが決まったわけではないと、苦しい言い訳をする。そのうち相場が転換して、負けを取り戻せる、と本気で思い込んでいる。
③ 実力に合わせた「ロット」を立てられない人か、立てられる人
　2か3のロットでちょっと成績がいいと、その儲けを複利計算で皮算用し、2倍や3倍に増やし、大きく稼げたらいいな、と夢見る。損をする人は、こうした心理につけ込まれるように、やがて大損をし、頭に血がのぼるや、さらにロットを増やし一発勝負を仕掛け、一気に奈落へ撃沈という最悪の事態へ追い込まれることになってしまう。トレーダーの性格や技術によって、適切な「ロット」数はあるわけで、その数がもっとも自分に合うという確信ができるまで、増やすべきではない。人間は熱くなると、何をするかわからないほど、怖い動物だと思え。

FXで儲ける人 vs FXで損する人

④ 儲ける習慣が身についてない人か、身についている人

儲ける習慣を身につけていないとはどういうことか。

1　自分が置かれている状況や相場を客観的に見ることができない。
2　儲けのリズムに乗れないズレテンポに苦しんでいる。
3　反省ノートをつけていないから、反省資料が残っていないので同じ轍を踏むおバカさん。
4　目先の行動ばかりで、中期・長期の視点で行動できない。
5　損が恋人だから、焦燥感や自己嫌悪感に苛まれ続ける。

⑤ 自信過剰な人か、謙虚な人

　自信過剰な人は、FXを見くびっている。投資資金は潤沢だが、それは他の種目、たとえば事業で成功したもの。FXは全く別の種目の金儲けであるから関係ねぇ～。そういう大事な認識を欠くので、FXでもいずれ儲けられるという間違った危険な思い込みにコリ固まってしまうのだ。

　以上のように、各見出しだけを見ると、自分は右側の特徴を持つと思う人が多数だろう。しかし、実際にFXトレードを始めると、感情的にコントロールするのが至難の業となる。自分の性格を直すことを含め、よい習慣を身に付ける努力をすることがどんなに大事なことかを思い知りたいものだ。

図表7-1 儲ける人・損する人

管理 3 揺れる心 VS 揺れない心

稼ぎたければ、
揺れない軸足をつくれ

　揺れない心をもつトレーダーとは、揺れない軸足、自己ルールを確立している常勝トレーダーのことだ。ほとんどのトレーダーは揺れる心で苦しんでいる。たとえばこんな生態を垣間見ることができる。

① **盲信**：誰の意見も聞かず、自分だけが正しいと盲信し、トレードに励む。かといって絶対の自信があってそうするのではなく、盲信は常に揺らぐ。どうして揺らぐのか。勝てないからだ。中途半端な状態で揺らいだ自己がぐるぐる回るだけ。

② **優位性放棄**：順調に稼ぐトレーダーも、揺らぐときがある。オーバーナイトすれば数日分の利益を稼げるチャンスの前に、「デイトレ命」という掟を破る。こんなとき、今まで仲良しだった相場に突き放される。そしてなぜ確実に儲けられる優位性を放棄して、

オーバーナイトしてしまったのかと天を仰ぐ。

③ **徹夜**：市場は24時間開かれている。無限の富をゲットできる夢があるFXの世界だが、無限の破産のチャンスもある。つい自分を見失ってしまう一つの

揺れる心 VS 揺れない心

理由が、徹夜をやってしまうこと。これが真っ向から相場と戦うことを意味することがわからないらしい。欲に揺れ、心身ともにへとへとになって脱落する。

④ **負け基準無視**：自分の「負け基準」をもてない。もし15Pips負けたらやめるという自己ルールを決めていれば、即損切り。この当たり前のことができない揺れる心をもつトレーダーたち。自分が決めたルールを自分自身が破って、誰がそのルールを守ってくれるの

か。自分が辛酸をなめてつくったルールは判断の誤りを教えてくれるのに。矛盾に揺れるこうしたトレーダーが溢れるほどいる。

⑤ **たとえばレバレッジ**：最大25倍にしているトレーダーの心はいかばかりか。それが自分の許容のレベルを超えていれば必ず平静さを失い、トレードが荒れてしまう。あるトレーダーはレバレッジの限界は10倍だとし、10倍を絶対超えない。それでも成績が不調になれば、ロット数を少なくするか、レバレッジを低くする。マーケットで戦い続けるためには、自己ルールを守るのが鉄則だから。

⑥ **傲慢**：大多数の新人トレーダーは傲慢だ。傲慢な態度だが、内心は揺れている。トレード技術と強靭な精神力が求められる相場の世界で、技術も資金も乏しいのに、なぜ大きくレバレッジをかけて、玉砕していくのか。自分は相場よりも賢い、プロのトレーダーより自分はうまくやれる、という過信は揺れる心から生まれている。どうしてわかるかって？今は明確に天井通過期で、そろそろ暴落開始のタイミングだが、それでも旺盛な買いが膨らむではないか。しかし、そんなことは、誰にもわからない。

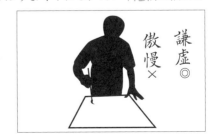

7 リスク管理編　資金、メンタル、トレードの必須、リスク対策

管理 4

ただ今スランプ VS スランプ脱出

スランプから脱出できる5つのソリューション

　資金の目減りで、トレーダーの心が縛られたとき、あるいは、勝ち負けの繰り返しで、なかなか目標額を達成できずに、日々鬱陶しい気分が続くときは、たぶん「スランプ状態」なのだろう。どうすれば、この状態から脱出できるのか。スランプのときにすべきことを考えてみたい。

① 自己分析をする

　まずは自分を客観的に見つめ直してみる。最近、どんなトレードをやってきたのか、なぜうまくいかないのか。トレーダーとしての自分を特別扱いせず、辛辣に見つめ直そう。トレーディングには自分に合ったペースや戦術がある。冷静になって自分の性格や得手不得手を振り返り、できること・できないことを明らかにする。

② 自分に見合った目標に変更

　目標自体に無理があったと思えば、率直に変えればよい。目標そのものを掲げる必要さえない、と忠告する常勝組のトレーダーもいる。精神的な負担となるからだ。不確かさばかりのFXのトレードで、目標設定など無理。「億り人」になるとか「1年で1000万円を稼ぐ」などといわず、もっと現実的になれ。「トレーダーとして稼ぐとは安定的に利益を繰り返し稼ぐこと」と認識する人も多い。今できる日々のことを実現しようじゃないか。

③ FXのスランプは技術不足

　稼ぐことの限界、停滞を率直な気持ちで「技術の限界」と見れば、自分のFXトレード技術をさらに磨くことがスランプ解決法であることがすぐにわかるはず。加えて心理面が技術面に与える影響も強いので、メンタルトレーニングにも関心をもち、その面での解決も図るべきだろう。

図表7-2 スランプ脱出法

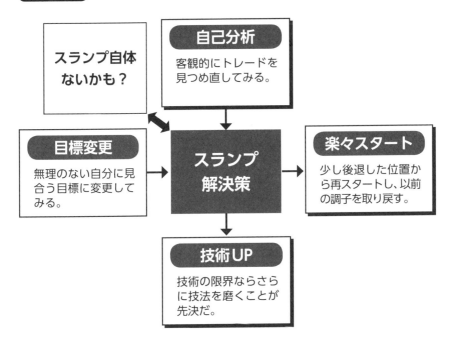

④ **少し後退した位置で再スタート**

　トレーダーとしての背伸び状況が負担になっていると感じるなら、ロット数を落とすとかトレード回数を減らすなど、きついペースを下げて、スランプ発生前のよい状態へ戻るようにトレードの調子を回復させる期間をしばらくもってみるのもよい解決案だろう。

⑤ **スランプ自体ないはず**

　この認識に至ったのは古武術家・甲野善紀氏だ。どういう認識かというと、古武術の動きがまだまだ成長中だと思うこと。ワザは2割ほど自信があるが、後の8割はダメな自分を認識する。スランプがあるのはちょっと周囲よりよかったと思う程度の未熟な自分をいいと思っているだけの話。進んでいる自分を常に認識すれば、それはスランプではないと認識できるわけだ。謙虚で希望に満ちる素敵な考え方だと思う。私も毎日進歩しているというさわやか気分をもつように努力している。是非皆さんも！

管理 5　トレーダーに向いている人 VS 向いていない人

総合的技法のコツを
つかめるかどうかが基準

　管理2（176ページ参照）では、「FXで儲ける人、損をする人」の特徴を比べてみたが、ここでは、「トレーダーに向いていない人」を考えてみたい。似たような比較に思えるが、実は根本的なところで違うからだ。

① 感情コントロールが下手
　トレード中に熱くなり、冷静な判断ができない。損失が増えると、多額の資金を投入して、負け分を一度に取り戻す「リベンジトレード」をやって口座を飛ばしてしまうこともある。あるいは、塩漬けにしてしまう。

② 頻繁なトレードを繰り返す
　毎回チャンスなど望めないのに、とにかくひっきりなしにトレードを繰り返し、状況が不明なときにも、がむしゃらにトレードを行う。

③ ロスカットができない
　負けず嫌い、欲張りな性格が災いして、ロスカットができず、できたときにはいつもかなり深手を負ったときだ。だから小さく儲けて、大きく損をしてしまうパターンから脱皮できない。トレードを終えたときには、いつも後悔の連続、反省の連続である。

④ 通貨ペアが定まらない
　今日はドル円ペアでトレードしたかと思うと、スワップポイントでプラスが大きいと、その通貨ペアでやりつつ、差益で負けると気分が変わり、日計りにして、スワップのことなど忘れてしまう。翌日には、ドルユーロのトレードでうまくいかないと、その翌日はユーロ円に変えてしまう。通貨ペア探しにいつも苦労して、迷っている。

⑤ 相場観が鈍い
　具体的に言えば、なかなか相場のトレンドがつかめない、相場観に時間軸の

トレーダーに向いている人 VS 向いていない人

視点をもてない、相場のテーマを感じにくい、トレーダーの思惑や感情を察知しにくい、といった弱さをもっていると、相場の世界で生きにくい。

　以上の人は確かにトレードで失敗するという理由で、トレーダーに向いていないと言えるかもしれないが、私は次の特徴をもつ人は、トレード行為そのものに向いていないと考えている。ここでの重大なトピックはつまり、マニュアル人間かどうかの問題である。マニュアル人間は、命じられたことだけをマニュアルに従って行う人たちを指すが、トレードでは、マニュアルだけでは、どうしても、限界がある。トレードではコツをつかむことが非常に大事なので、一般にトレード技法をコツレベルでつかむ期間として3〜6カ月はほしい。その期間を過ぎても、コツを会得できない場合は、成長できないとあきらめることをすすめたい。トレーダーの目標は身につけたワザの総合力を発揮できるかどうかだから、そういう結論になるのだ。

福沢サンGETワザ ⑥ スプレッド数値の異常

　為替価格のスプレッドとは売りと買いの価格差のこと。通常は業者がホームページで表示するように、たとえば米ドル円のスプレッドが0.3銭だとしても、突然数十倍以上に拡大するときがある。この現象は主に相場急変時に起きるが、平時にも流動性低下時期に起きるので厄介だ。

　急激なスプレッド拡大がどのFX業者に多く起きうるのかは、ググる（グーグルで検索する）ことが必要だ。スプレッドで日ごろからトレーダーが不利に置かれていると感じていれば他のFX業者に乗り換えるか、NDD方式（インターバンク直結型）の業者に口座をつくることだ。

　NDD方式とはNo Dealing Deskの略で、FX業者を介さずに、複数のカバー先、つまりFX業者に為替レートを提示する金融機関に直接発注する方式だ。だから透明性の高い為替レートで安心してトレードできるわけだ。NDD方式を採用している日本のFX業者は数社だけのようだ。平時の狭いスプレッドだけでFX会社を選ぶのではなく、異常事態勃発時の広いスプレッドにも関心をもってもらいたい。

管理 6 連勝 VS 連敗

自己コントロールができる戦術を学ぼう

　トレーダーは連敗が続くと、損金が大きければなおさら、一気に取り戻したいという衝動が起こる。余程できた人でない限り、その衝動で自己コントロールができず、ロットを大きく増やし大きく儲けようという極度に焦燥した態度をとるのが定番だ。

　一方、面白いほど調子よく儲かり、脳内に快感ホルモンが飛び出すと、一気にロットを増やし、せっかくの連勝街道から一転破綻の道に落ちてしまうということも珍しくない。

　FXトレーディングは、日本の制度ではレバレッジ最大25倍だが、海外のFX会社に口座を開くと、100倍は可能だという。もしこれを利用すれば、ロット数次第では、一夜で口座を飛ばすこともあり得る。FXは、自己コントロールを失敗するとまさに「悪魔のゲーム」となってしまう。

　従って、連勝・連敗を問わず、度を越えてトレーダーが熱くなるとき、アタマを冷やさないと悲惨な結果を招く。さしあたっての方策としては、以下のものがある。

① **中断する**：激しく情動が起きたときは、厳格に決めたルール通りに、トレードを中断し、アタマを冷やせ。
② **客観的な認識**：自分の今の状況を客観的に認識できる手立てを見つける。たとえばトレード日誌をつけてみる。また、3連敗したら休み、次のトレードではロットを半分にし、勝ち癖をつけて、前の調子を取り戻し再開するというのはよいアイディアだ。デイトレで通常の3倍の利益を得られたら、その後、その日のトレードは、ほぼ100％損をしない慎重にも慎重なトレード管理を行い、気持ちよく翌日を迎えられるように終えることだ。

連勝 VS 連敗

図表7-3 自己コントロールができる戦術4

```
                    ┌──────────┐
                    │ 中断する  │
                    └──────────┘
          激動時、トレード中断し、アタマを冷やせ。

┌──────────┐      ┌──────────┐      ┌──────────────┐
│ 客観的認識│  →  │   自己    │  ←  │ 連勝・連敗分析│
└──────────┘      │ コントロール│    └──────────────┘
自己観察のため「ト    │   戦術    │    客観的に自己分析で
レード日誌」をつけ    └──────────┘    きる習慣を。成績を視
る。絶対ムリしない。                     覚化する。

                    ┌──────────────┐
                    │ 心理・資金管理│
                    └──────────────┘
          これらとトレード管理で「負けないトレード」を目指す。
```

③ **連勝後はゆっくりロットを増やし、連敗後は減らす**：連勝で順調なトレードが進むと、少しだけロットを増やし、そのロットでしばらく我慢し、ロット数とトレーダーの息を合わせる。ロットに慣れるのだ。逆に連敗後は、ロット数を減らし、調子の回復を図る。トレードと心理の管理、加えて資金管理を厳しくし、トレードの崩れをなくす努力を行うのだ。

④ **連敗・連勝の要因を分析する**：連敗をリズムの乱れ、連勝をリズムの高揚であると認識し、その要因をクールな分析で理解しようと、常に努めることだ。自己のトレードを客観的に分析できる習慣が身につけば、【1】連敗が少なくなる、【2】トレード失敗の模様が記憶にしっかり残り、同じ間違いを起こすことが激減する、【3】トレード日誌をつける。たとえば、視覚的に自己に連勝・連敗を意識させるように、図示する。つまり○●●●○●●●○●●○●●●○と○○●○●○○○●○○○●○のようにマークで明記しておけば、その一日、どのような調子だったのか、一目瞭然ではないか。

管理 7　失望感 VS 期待感

失望と期待はチャートに刻み込まれる

●チャートでは見えないものを見る法

　チャートには、ローソク足、移動平均線、一目均衡表の5本補助線、雲、オシレーターなどが描かれている。その一方でたくさん存在するのに描かれていないものもある。トレーダーたちの「期待」と「失望」の感情だ。

　為替価格が分刻み、時間刻み、日刻みの時間軸で、チャートに記録されると同時に、それを眺めるトレーダーたちが心に刻むのが、「期待」と「失望」の心理である。この対極の心理が為替の値動きを決定するといっても過言ではない。

　感情に着目すれば、為替の先を読めるという前提があるのなら、私たちトレーダーは、実際にはチャートの形状やシグナルを見て、トレーダーの心理を読むことができるはずだ。

　ロングポジション（買い）とショートポジション（カラ売り）の心理により代表的なチャートにおける各局面を見ると、基本的な読み方は以下の通りになるだろう。なおロングの「期待」はショートの「失望」、逆にロングの「希望」はショートの「期待」と考えてもらいたい。

　右図表は、米ドル円のある局面を使って、トレーダーの「期待」と「失望」の心理の理由を当て嵌めてみた。これを読むことで、それぞれの感情の位置での、シグナルがどういう意味をもつのかわかるだろう。

●ロングの期待（移動平均線・5分足の場合）を可視化

①やや下向きの48本線をローソク足が陽線を立てて越えていく。
②ローソク足が上げると、48本線が上向きになり上昇トレンドへ向かう。

失望感 VS 期待感

③値動きが12本線にホールドされ上昇する。
④下げてきたローソク足が48本線とぶつかり、切り返した（買いの２）。
⑤間近の波動の上値を抜いて、新しい波動を作りだした。

●ロングの失望（一目均衡表・５分足の場合）を可視化

①雲入りを跳ね返されて下降トレンド再び。
②雲抜けしたものの、再度雲入り。
③大陰線が佇立し、天井が確定しそうな足の組み合わせが出現。
④雲入りの陰線。直近の下値をブレークしたようだ。
⑤雲抜けを果たしそうになったと思ったが、雲中深部へ大陰線佇立。

図表 7-4 期待　VS　失望感

７　リスク管理編　資金、メンタル、トレードの必須、リスク対策

管理 8 トレード日誌作成 VS 未作成
毎日こつこつ反省日誌の上手なつけ方5

　FXのデイトレーダーは日々戦うわけだから、どんなふうに戦ったかを記録しなければならない。取引を終えると、記憶が鮮明な間に、一人反省会を開き、日誌に必要なことをメモする。経験にまさる学習はないから、のちのちこの日誌は自分だけのノウハウの宝庫となるだろう。

① **たくさん記録しない**
　約定記録や損益記録はFX業者の自分の口座に残るから、こまかい記録は改めて自分の日誌に書く必要はない。せいぜい扱った通貨ペア、利益、残高ぐらいでよい。

② **反省コメントは短く要点のみ**
　どの点が失敗であったか、今度どんなふうな技術を使えばよいか、通貨の扱いで気づいたことは何か、などを要点だけをメモする。だらだら書くな。

③ **印刷したチャートの余白にコメントも**
　デイトレ、スイングともにチャートで売買ポイントを判断しなければならないから、印象に残るチャートをいくつか印刷して残す。そしてチャートの余白に気づきの点をメモしておく。

④ **反省から注目した材料、チャートからの発見、シグナルをいくつかメモ**
　指標発表後の動きがあれば、動きの特徴、チャートの売買ポイントで新しい気づきがあれば、メモ、メモ、メモ。

⑤ **符丁や書き方のパターンを使う**
　略語や符丁を使うと短時間でメモができる。日誌は自分だけのためのものだから、自分だけがわかればよい。

トレード日誌作成 VS 未作成

　反省日誌は、せいぜい10分ぐらいでまとめて書ける量にしておかないと、長続きせず、三日坊主になる。売買がうまくいった日は気持ちも軽いので、日誌もすいすい書けるが（というより、勝ちの記録はうれしい！）、負けた日、それも徹底的に負けた日は、思い出したくないほど落ち込むから、負け戦の記録などしたくなくなるもの。しかし照る日も曇る日もあるのがデイトレだから、冷静かつ客観的に記録するように心がけたいものだ。そして、いつしか日誌をつけなくなったら、そのときはおそらく負け戦にいるはず。

図表 7-5　トレード日誌の上手なつけ方

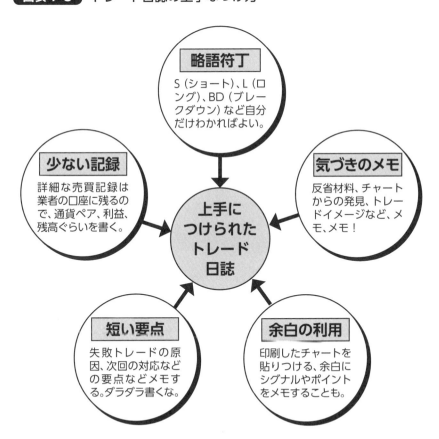

管理 9 大負け後大きく張る vs 大負け後小さく張る

復讐トレードは破滅の道を歩むと知ろう

　トレーダーの心理は、為替の値動き以上に乱高下するときがある。この心理で一番危険なときは、大損してしまった直後だ。突然、自己コントロールがきかなくなり、「一回で損をチャラにしたい」という衝動が起きるのである。

　これを一般的に「復讐トレード（リベンジトレード）」と呼ぶ。しかし、この衝動的・非論理的な決断をなんとか防がないと、投資資金をすべて失うことになる。そのためには、どんな戦術が可能か。

① まずリスクを低く抑える努力をする。
② 自己コントロールを行い、利益を順調に得ていた自己ルールに回帰しそれに従う。損失を少しずつ取り戻し、最終的に損益ゼロに戻す。
③ そのために、勝ちトレードで細かく稼ぎ、勝ちをつなげていく。
④ 細かい値幅取りは神経をすり減らすので、極度な緊張を避け、余裕を回復するために、ときどき休息する。
⑤ 最大の目標は、資産回復とする。
⑥ 大損の後、ゆめゆめホームランを打とうとは思わない。焦らず、急がず、バクチ的にならず、ペースを守りつつ、少しずつ、何度も繰り返し、ひたすら慎重なよいトレードを続けること。

　このような勝ち組スタイルのリスク最小限のトレードを続けることは、損失回復後は、以前に増して、勝率や利益を確実なものにでき、必然的に利益が安定し、増えていくことにつながる。トレーダーならほぼ誰でも経験する、厄介な問題で、何度もアタマを打ちつつ、回復を繰り返し、トレーダーとして強くなっていくしか王道はない。

大負け後大きく張る vs 大負け後小さく張る　管理 ❾

福沢サンGETワザ インナーライン割れ

米ドル／円 15 分足移動平均線

❶分給ポイント
ABのようにインナーラインがローソク足の横腹を通る場合、モメンタムの勢いによっては、すばらしいパフォーマンスを期待できる。

　ローソク足がインナーライン（上図のライン）を上から割れば「売り継続」と判断する。また下から同ラインを越えれば、「買い継続」と読むのが原則だ。インナーラインはちょうど値動きの分水嶺に相当すると考え、率直に反応すれば、トレードが高い確率でうまくいくはずだ。
　こういうことだ。値動きはモメンタムが具現化・可視化したもので、ゆえに動いて見える。その価格足が行く手を妨げるラインにぶつかったときは、少々のことでは、後戻りしないので、可視化した状況（つまり見える状況）では、ラインを通過したら、そのまましばらく同じ動きが続き、それを止める状態に至らない限り、価格が上げ続く、あるいは下げ続くわけだ。
　というわけで、そのラインを越えたり割ったりしたら、素直に値動きの方向へポジションを持てばよいことになる（上図の丸印のポイントを参照）。かなりアバウトな説明だが、このやり方ならけっこうパフォーマンスを得られる。特に移動平均やオシレーターのポイントと通過ポイントが一致すれば、首尾は上々となるだろう。

7 リスク管理編　資金、メンタル、トレードの必須、リスク対策

管理 10 ナンピン肯定派 vs ナンピン否定派

ナンピンは失敗の戦術だと思え、しかし……

　ナンピンとは、「難平」。「難」は損のことで、損を平均化することをいう。いくつかやり方があり、買いポジションで以下説明しよう。

① **機械的ナンピン**

　買値の20％下落すればナンピンする、というふうに、あらかじめ決めておく。たとえば、米ドルを100円で1万ドル買って、20％下落の99円80銭になれば、すかさず1万ドル追加買いして、ナンピンすると決めておき、機械的に行うやり方だ。

② **大台ナンピン**

　これは、為替価格というのは、大台、たとえば100円で止まると、100円というキリ番の数字を意識して、下落が止まることが多いという経験則から、待ちかまえて、ナンピンするというやり方だ。

③ **買い増し逆張りナンピン**

　①の機械的やり方を踏まえた上で、買う枚数を増していくやり方だ。たとえば、米ドルを105円で買い、下げたら103円で買い、さらに101円に下げたらまた買うことを続ける。買いコストを平均化させ、損益分岐点突破以降の利益率を3倍化させようというやり方だ。これは、言うまでもなく、ナンピン以後、下げ続けると、逆に損が3倍化するというリスクを背負っているが。

④ **移動平均線上ナンピン**

　移動平均線のついたチャートを見て、下落した価格がそれと接触するあたりで、ナンピンに応じるというもの。経験則的に、移動平均線と接触するあたりで、価格が反発するということがしばしばある。一種の機械的ナンピンなのだが、①とは違って、チャートの移動平均線でナンピンする買値を確認する。た

ナンピン肯定派 VS ナンピン否定派

図表7-6 4つのナンピン戦術

機械的ナンピン	買い値の20％下落すればナンピン、というふうにあらかじめ決めておく。
大台ナンピン	為替価格の大台、たとえば100円で止まるという経験則的前提で、待ちかまえて、ナンピンするやり方。
買い増し逆張りナンピン	機械的やり方を踏まえた上で、買う枚数を増していくやり方。失敗すると、含み損が拡大。
移動平均線上ナンピン	移動平均線のチャートを見て、下落したレートがそれと接触するあたりで、ナンピンに応じる。

とえば、5日移動平均線を越えたところで買ってしまい、その後、価格が下降し出して、5日移動平均線を割り込んだ場合、25日移動平均線での接触で、1回目のナンピンを行い、さらに下げ、損切り10％を適用しない場合は、13週移動平均線と接触するときに2回目のナンピンを行う判断をするというやり方だ。また上昇トレンド線の抵抗線と支持線に挟まれた規則的な動きだと、買いの場合は、支持線でナンピンするか損切りする決断になる。

経験的に言えるのは、概ねうまくいくのが、④のナンピンだ。ただし、この場合、トレンドが上昇に向いていると確認できた銘柄での買いで、その買いが予想をはずれて、価格を下げた場合に適用するべきだろう。

ナンピンは、基本的には「敗戦処理」である、と認識しておいてほしい。運良く、損益分岐点を越えたときでも、それ以上の欲を出さず、できれば、手仕舞うことが必要だと思う。むろん敗戦処理後、新たなポジションを立てることはかまわない。

管理 11 エッジ派 VS エッジ無関心派

自分の優位性を とことん活かしきれ

　トレーダーが使う言葉に「エッジ」があるが、これは、日本語では「優位性」と訳されている概念だ。

　たとえば、年配者より若者の方がスキャルピング技術では機敏性の点で恐らく優位性があるだろうから、年配者は数分足ではなくもっと時間軸の長いチャートが都合いいだろう。トレード活発時間帯に勝率の高い人は、あえてその時間帯に優位性を見て、専心すればよい。

　他のトレーダーと比べ、優位性を持っていれば、それが何か、日ごろから観察し、記録しておき、優位な点をきちんとまとめ、トレード成績を最大限にまで引き上げる実践をするのがよいと思う。相性のよい業者を見つけるのもいい。

　デイトレードに絞ってどんな優位性があるのか、少し書き出してみたい。

① 取引ボラティリティの高い時間帯を知っていること⇒その時間帯を選ぶ。
② 分足の中で、自分が勝てる分足がどれかを知っている⇒1、3、5、15分足の勝率を記録し、5分足に優位性があれば、これを優先してトレードに使う。
③ ブレークアウトが起きる前のシグナルが分かっていること⇒ブレーク後の相場は動き、利益を取りやすいという優位性があるので、ブレークを狙う。ブレーク法の戦術に絞って、繰り返し使う。
④ ちゃぶつく相場の見分け方を知っていること⇒ちゃぶつくときはトレードしない。
⑤ 自分の調子（身体的調子、売買のリズム）⇒調子の良いときにトレードを集中させる。
⑥ ボリンジャーバンドのウオーク狙いが得意⇒ウオークのパターンを研究す

エッジ派 VS エッジ無関心派

る。
⑦ 連勝と連敗の時間内での成績結果⇒優位性のある時間帯を選ぶ
⑧ 勝ちパターン別の成績の良し・悪し⇒成績の良いパターンを使うという優位性。パターン名をつけ、トレード日誌の備考欄に記入する。
⑨ 通貨ペアの成績（ドル円がユーロ円より好成績）⇒成績の良いペアに優位性があるからその優位性が低下するまで続ける。
⑩ 場中の気分的ブレークの入れ方⇒失敗後、気分を変えてコーヒーブレークをした方が、回復が早いのなら、ブレークを入れる。
⑪ 音楽を聴きながらだとトレードが好成績⇒むろん音楽を聴きながらトレード。音楽のジャンルによって、優位性が異なるなら、優位性の高いものを選べ。髪を金髪に染めた日が調子良ければ、いつも染めておこう。

図表 7-7 どんな優位性を持つか

- トレーダーとしてのあなたのエッジは？
- 取引ボラティリティの高い時間帯を知っている
- ブレークアウトが起きる前のシグナルがわかっている
- 分足の中で、自分が勝てる分足がどれか知っている
- ちゃぶつく相場のときはあえてトレードしない
- BBのバンドウォーク狙いが得意である
- 意識を集中できるときだけトレードをおこなう
- 通貨ペアの成績にムラがあることを知っている
- 連勝は多いが連敗はほとんどないことをわかっている
- 場中の気分的ブレークの入れ方が大事だと知っている

7 リスク管理編　資金、メンタル、トレードの必須、リスク対策

黄金こらむ

天才相場師ギャンのテクニカル教訓28カ条

　本書の姉妹書『株価チャート黄金練習帳』（毎日新聞出版刊）のコラムに、戦前の米国で商品先物トレーダーとして勝率80％以上を維持した天才トレーダー・W.D.ギャンの必勝法を書いた。彼が得意としたのは、商品相場だが、FXトレードにも高い有効性をもつ「ギャンの28カ条」と呼ばれる法則を残していた。FX読者のためにいくつか選び、少しFX向きに修正して紹介してみたい。以下の教訓だ。

・オーバー・ポジションを厳禁。資金配分に沿ったポジション量の厳守。
・ポジションに利が乗った場合、結局は損切りとならないようにストップロスのレベルの変更（トレール注文）をすること。
・トレンドに逆らってはならない。また、自分のチャートが明確なトレンドを示していない場合は、売買をしてはならない。
・迷ったら手仕舞うこと。また迷ったままポジションを決してもってはならない。
・値動きのある市場で売買を行うこと。ちゃぶつき相場は避ける。
・確固たる理由がないまま、手仕舞いをしない（著者注：「迷い」は確固たる理由の一つ）。
・余剰資金は蓄えておくこと。利益が出た時は別勘定としてキープすること。
・わずかな利益を目的とした売買は行わない。
・"ナンピン"は最悪の方法であることを認識すること。
・辛抱できず手仕舞い、また待ちきれずにポジションメークをしない。
・待つことも売買の中での重要なファクターであることを認識すること。
・利食いは小さく、損切りが大きい事態は最悪であることを認識すること。
・過剰に頻繁な売買は厳禁。
・ロングポジションだけでなく、ショートポジションも縦横に活用せよ。
・値頃感から売買をしてはならない。
・価格抵抗水準をブレークするまでは、買い増し・売り増しを禁止。
・買い増し・売り増しをするのは、強いトレンドが出ている相場に限ること。
・確固たる理由のないまま自分の売買ポジションを変更しないこと。売買に関しては確固たる理由のもとに、自分の確立した明確なルールにしたがえ。
・大きな利益を得ても、その後の意味のない頻繁な売買をしないこと。
・相場の天井・底に関して、勝手な臆測はするな。
・損切りしたら、次の売買は資金量を減らすこと。

　本書内で随所にこのギャンの戦略・戦術を油絵のように塗っておいたが、こうした金科玉条を遵守すれば、常勝に手がとどくだろう。

第8章

FX技法の「コツ」をつかんだときから、総合力が身につき始める。

FX「銭活」テスト編

総合力は身についたか

問題1 ユーロ／円15分足の移動平均線チャートを見て、売買判断をしてみよう。どんなワザを使い、判断の根拠は何かまで考えて答えよう。

図表8-1 ユーロ／円 15 分足移動平均線

❗分給ポイント
チャート力は、どんなシグナルを見つけ、どう判断するか、にかかっている

問題2 ファンダメンタルズの知識を確かめてみよう。正しいのはどれか。

① スイスフランは逃避通貨と言われるのは、有事の際、永久中立国・スイスの通貨が高く評価され需要が拡大するからだ。
② 豪ドルやNZドルは高金利通貨としてスワップで人気がある。また非資源国家のため、資源相場に影響を受けやすい。
③ 為替レートを激変させる材料といえば、代表的経済指標の発表だ。中でも最も影響があるのが、米国の雇用統計。毎月第１月曜日に発表になる。
④ 米国の経済指標を世界のトレーダーが固唾をのんで待つのは、指標結果の良し悪しだけでなく、結果を知ったトレーダーがどう動くか、つまり生じるトレンドを見るためだ。
⑤ ツーカー問題。金利が上昇すれば、通貨価値は上昇する。金利が下落すれば、通貨価値は下落する。

練習問題

総合力は身についたか

問題3 天才投資家ギャンは有名なテクニカル教訓28カ条を残している。間違っているのはどれか。

① トレンドに従え。自己ルールに沿わないことがあれば、売買してはならない。
② 時には手仕舞うことを迷うが、迷うときは、前へ進め。
③ 値動きのある市場で売買を行うようにちゃぶつき相場でも戦え。
④ わずかな利益を目的とした売買もしっかり行え。
⑤ "ナンピン"も状況次第で行ってよい。
⑥ 過剰に頻繁な売買こそ儲けにつながる。
⑦ 大きな利益を得ても、その後の意味のない頻繁な売買をしないこと。
⑧ 損切りしたら、次の売買は負け分を取り戻すために資金量を増やせ。

問題4 豪ドル／NZドルペアの30分足移動平均線チャートに四角枠をAからHまで8カ所おいてみた。それぞれグランビル法の売買ポイントのどの位置に相当するか。

図表8-2 豪ドル／NZドル30分足移動平均線

解答2

① 〇
② ×　非資源国家ではなく、資源国家。
③ ×　毎月第1金曜日だ。
④ 〇　トレンド把握こそ儲けへの近道だ。短期のトレンドが上向きでも中期トレンドが下向きという状態より、ともに上向きになったときが、もっとも儲かるタイミングである。
⑤ 〇

総合力は身についたか

練習問題

解答3

① ○
② ×　迷ったら手仕舞うこと。また迷ったままポジションを決して持ってはならない。
③ ×　値動きのある市場で売買を行うこと。ちゃぶつき相場は避ける。
④ ×　わずかな利益を目的とした売買は行わない。
⑤ ×　"ナンピン"は最悪の方法であることを認識する。
⑥ ×　過剰に頻繁な売買は厳禁。
⑦ ○
⑧ ×　損切りしたら、次の売買は資金量を減らす。

解答4

A **売り2**　48本線にあまり近づかないほど売り勢いが強いが、妥当。
B **買い1**　やや下向きの48本線を越えた大陽線。しかし急騰ゆえに標準のグランビル法の異形が出たか。
C **売り4**　モメンタムから見ると、12本線割れのポイントをあえて準「売り1」と判断したら面白く、判断が早いと思うがどうか。
D **売り1**　48本線がやや下向きで割られ、割った後の標準の「買い4」の位置とは違い、あまり値幅をとれていないイレギュラー形か。実践ではこうした異形にしばしば出会うから、類似形として判断したい。
E **売り4**　これも異形。買い4から買い2、3を経ないで一気に売り4へ。
F **買い2**　Eからの下げで48本線に近づいた位置だから買い2。
G **売り4**　長い上ヒゲ、陰のカラカサ、そして大陰線という勢いの方向が可視化されており、天井シグナルと読めよう。
H **売り1**　48本線の周囲でもみ合う形だが、小さなボックス圏と見立てれば、下値を軽く割って急落。事後、DCして予想通りの展開だ。

問題 5 ブレークラインをうまく引けるかどうかで、儲け率が違う。下図の値動きで、上昇・下降トレンド線、横ばい線の3種ラインを引いてみよう。ブレークポイントはどこか。

図表 8-4 米ドル／スイスフラン日足

問題 6 超難問テストだ。米ドル／円の15分移動平均線の下部にスローストキャスティクスのグラフをつけてあるが、意図的に一部を白紙状態。値動きを見ながら、グラフを再現できるか。

図表 8-5 米ドル／円 15 分足移動平均線＋スローストキャスティクス

練習問題

総合力は身についたか

問題7 図はカナダドル／円ペアのローソク足というシンプルなチャートだ。たいていは様々な補助ラインが描かれ賑やかだ。トレンドは下降、山の上でカラ売り後、買い戻しの出口（○印）を見つけるには、どんなツールを使えばいいか。

図表 8-6 カナダドル／円日足

問題8 トレーダーの心理「期待」と「失望」がチャートに表れる箇所を幾つか指摘してみよう。ロングポジションのトレーダーの心理だ。ショートは逆の感情を抱く。

図表 8-7 米ドル／スイスフラン 15分足移動平均線＋雲

解答5

横ラインが7本、斜めラインが5本引ける。横・斜めブレークいずれもブレーク成功率は高く、時々もみ合って方向を見失うこともあるが、日中足で微妙な判断をすべきだ。

図表8-5 米ドル／スイスフラン日足

米ドル／スイスフラン 日足

枠内に2本の陽線がはらまれた「下げ三法」のモデル形が見つかる下げトレンドだ。

★丸円印がブレークポイントである。

解答6

下図の通り。自分のつくったグラフと比較しよう。50％基準でトレンドにより変化するはず。またダイバージェンスをどこまで見抜けたか、他の通貨ペアで時々同じドリルをやってみよう。

図表8-6 米ドル／円 15分足移動平均線＋スローストキャスティクス

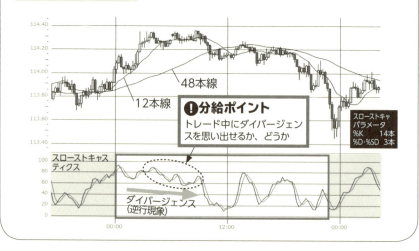

米ドル／円 15分足

48本線
12本線

❶分給ポイント
トレード中にダイバージェンスを思い出せるか、どうか

スローストキャパラメータ
%K　14本
%D・%SD　3本

スローストキャスティクス

ダイバージェンス
（逆行現象）

総合力は身についたか 練習問題

解答7　ボリンジャーバンドを使う。下図で明確なように下降トレンドだから、マイナスバンドの方がプラスバンドより3σのバンドに接触、もしくは2σの割れが多い。○印をつけた位置が出口と見る。

図表8-7　カナダドル／円日足ボリンジャーバンド

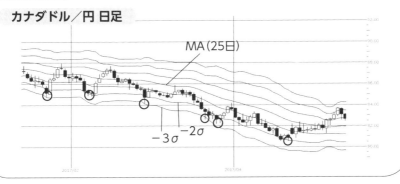

解答8　もちろん下図で私が指摘した箇所がすべてではない。それにしても売買ポイント、損切り、買い増し…など意味ある位置で、期待と失望が交錯するのがよくわかる。

図表8-8　米ドル／スイスフラン15分足移動平均線＋雲

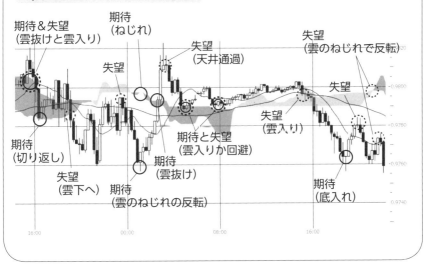

FXトレーダーのための便利サイト

●公的機関のサイト

- 日本統計年鑑
  http://www.stat.go.jp/data/nenkan/index1.htm
- 四半期別GDP速報
  http://www.esri.cao.go.jp/jp/sna/sokuhou/sokuhou_top.html
- 日銀短観
  http://www.boj.or.jp/statistics/tk/index.htm/
- 日銀時系列統計データ（金利為替指標グラフ／外国為替主要クロスレート）
  http://www.stat-search.boj.or.jp/index.html
- 鉱工業指数
  http://www.meti.go.jp/statistics/tyo/iip/
- 消費者物価指数
  http://www.stat.go.jp/data/cpi/index.htm
- 企業物価指数
  http://www.boj.or.jp/statistics/pi/cgpi_release/index.htm/
- 労働力調査
  http://www.stat.go.jp/data/roudou/index.htm
- 米国労働関連データ（英語）
  https://www.bls.gov/cps/#data
- FRB金融統計データ（英語）
  https://www.federalreserve.gov/data.htm
- 原油スポット価格（英語）
  https://www.eia.gov/petroleum/index.php

●その他一般

- 原油先物価格
  http://chartpark.com/wti.html
- 金価格
  http://gold.tanaka.co.jp/commodity/souba/d-gold.php
- 世界の株価（左カラムのリンクが充実）
  http://sekai-kabuka.com/

著者紹介

秋津 学（あきつ まなぶ）

アットホームで実践的な株チャート研究会「積乱雲」や「秋津学の株ｅ学習」塾を主宰し、幾多の黒帯投資家を輩出してきた株投資ナビゲーター。海外のカリスマトレーダーについて造詣が深い投資ジャーナリストでもある。著書に、株練習帳ブームを起こした『株価チャート練習帳』を始め、鋭い筆鋒で『会社四季報』を批判した『裏読み「会社四季報」』（角川ONEテーマ21）や『勝率９割５分を目指す株価チャート黄金練習帳』『勝率９割を目指す株価チャート練習帳』『「雲と線」私だけの株・FX教科書』（共に毎日新聞出版）などがある。またKindle電子書籍には好評の『「株スイング」錬金術』『「株デイトレ」錬金術』『もうだまされない！株式相場のダマシを簡単に見抜く法』『「移動平均線」満足度99％の株売買術』『最強の株ワザ25』『大きく稼ぐトレーダーは「ブレーク法」を使う』『大きく稼ぐトレーダーは「ロスカット」が上手』など多数。英国大学元客員フェロー（Ph.D.）。

著者への問い合わせ

株研究会「積乱雲」へのご入会、個人指導「秋津学の株ｅ学習」への照会、受講申し込み、セミナー、執筆依頼等は下記のURLにて所定のフォームでお願いします。

https://akitsumanabu.wordpress.com/

FX黄金セミナー
時給より「分給」で稼げ!

印刷日	2017年７月20日
発行日	2017年８月５日
著　者	秋津 学（あきつ まなぶ）
発行人	黒川昭良
発行所	毎日新聞出版
	〒102-0074
	東京都千代田区九段南1-6-17 千代田会館５F
	営業本部・03（6265）6941
	図書第二編集部・03（6265）6746

印　刷	精文堂印刷
製　本	大口製本

ISBN978-4-620-32454-8
©Manabu Akitsu 2017 Printed in Japan
乱丁・落丁はお取り替えします。
本書のコピー、スキャン、デジタル化等の無断複製は著作権法上での例外を除き禁じられています。

毎日新聞出版 好評既刊

勝率9割5分を目指す 株価チャート黄金練習帳

秋津 学（株式アナリスト）

最新「金を稼ぐ」トレード技術で"福沢サン"をゲット！

株式市場で勝ち残れ！

- 本物のオシレーター読解法
- プライス・アクションの秘術
- BB（ボリバン）攻略法…
  まだまだあります！

定価：本体1800円（税別）
978-4-620-32430-2

黄金ワザ満載！

第1章	勝ちパターンを読み抜く基本
第2章	最強の移動平均線を理解する
第3章	出来高増減を理解する
第4章	株式投資のスマート基礎技
第5章	ローソク足のシグナル技
第6章	移動平均線のなるほど技
第7章	出来高のスグレ技
第8章	上級志向の強力な技
第9章	オシレーターの秘技
第10章	リスク回避の技
第11章	修了テスト